글쓴이 **박진영**

고생물학자이자 과학 책과 그림책을 쓰는 작가입니다. 강원대학교 지질학과를 졸업하고 전남대학교에서 고생물학을 전공해 석사 학위를 받았습니다. 현재는 서울대학교 지구환경과학부에서 고생물학 박사 과정을 수료했습니다. 목긴 공룡, 중생대 도마뱀, 신생대 새의 화석에 관한 논문들을 냈으며 지금은 갑옷공룡 화석을 연구하고 있습니다. 쓴 책으로는 『공룡을 키우고 싶어요』, 『공룡이 그랬어요』, 『공룡이 돌아온다면』, 『박진영의 공룡 열전』 등이 있습니다. 쓰고 그린 책으로는 『박물관을 나온 긴손가락사우루스』가 있습니다.

그린이 **이준성**

공룡과 고생물을 전문으로 그리는 펠리오아티스트입니다. 현재 대학교에서 미술을 전공하고 있습니다. 『신비한 익룡 사전』은 『신비한 공룡 사전』에 이어 두 번째로 그림을 그린 책입니다. 앞으로도 꾸준히 펠리오아티스트로 활동하며 많은 독자들과 소통할 예정입니다.

신비한 익룡 사전

초판 인쇄 2020년 7월 14일 **초판 발행** 2020년 7월 14일
글쓴이 박진영 **그린이** 이준성 **펴낸이** 남영하
편집 장미연 이신아 **디자인** 박규리 **마케팅** 김영호
종이 세종페이퍼 **인쇄** 더블비 **제본** 신안문화사
펴낸곳 ㈜씨드북 **등록** 제2012-000402호
주소 03149 서울시 종로구 인사동7길 33 남도빌딩 3F
전화 02) 739-1666 **팩스** 0303) 0947-4884
홈페이지 www.seedbook.co.kr **전자우편** seedbook009@naver.com
인스타그램 instagram.com/seedbook_publisher
페이스북 facebook.com/seedbook.kr
ISBN 979-11-6051-332-5 (73490)
글 ⓒ 박진영 2020

이 책은 저작권법에 따라 보호받는 저작물이므로 무단 전재와 무단 복제를 금지하며,
이 책 내용의 전부 또는 일부를 이용하려면 반드시 저작권자와 ㈜씨드북의 서면 동의를 받아야 합니다.

책값은 뒤표지에 있습니다. 잘못 만들어진 책은 구입하신 서점에서 바꾸어 드립니다.
이 도서의 국립중앙도서관 출판예정도서목록(CIP)은 서지정보유통지원시스템 홈페이지(http://seoji.nl.go.kr)와
국가자료공동목록시스템(http://www.nl.go.kr/kolisnet)에서 이용하실 수 있습니다. (CIP제어번호: CIP2020024955)

KC
제품명: 신비한 익룡 사전 | **제조자명**: ㈜씨드북
주소: 03149 서울시 종로구 인사동7길 33 남도빌딩 3F | **전화번호**: 02-739-1666
제조국명: 대한민국 | **제조년월**: 2020년 7월 | **사용연령**: 6세 이상
KC마크는 이 제품이 공통안전기준에 적합하였음을 의미합니다.
⚠ 주의: 종이에 베이지 않게 주의하세요.

SEED MAUM
㈜씨드북의 뉴스레터 SEED MAUM을 구독하시면 다양한 신간 정보와 독자 여러분을 위해 준비한 특별한 콘텐츠들을 받아 보실 수 있으며, 구독자만을 위한 각종 이벤트에도 참여하실 수 있습니다.
http://bit.ly/2jF0Jlv

신비한 익룡 사전

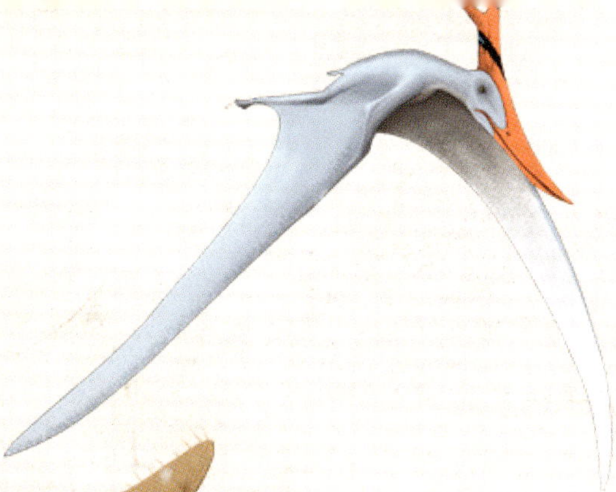

신비한
익룡 사전

박진영 글 이준성 그림

씨드북

목차

익룡의 세계로 들어가며

익룡은 누구인가?	14
익룡은 어디에서 왔을까?	17
익룡은 어떻게 날았을까?	19
긴 꼬리에서 짧은 꼬리로	21
달라진 머리뼈 모양	22
다양한 주둥이의 등장	24
익룡의 화려한 볏	25
백악기의 거대한 익룡	27
익룡 대가족	30

신비한 익룡 사전 ㄱ부터 ㅎ까지

구이드라코	34	리아오십테루스	70
그나토사우루스	36	메사닥틸루스	72
노르만노그나투스	38	모가놉테루스	74
노립테루스	40	몬타나즈다르코	76
누라키우스	42	무즈쿠이좁테릭스	78
닉토사우루스	44	미크로투반	80
다윈놉테루스	46	바르보사니아	82
덴드로린코이데스	48	바트라코그나투스	84
도리그나투스	50	베스페롭테릴루스	86
도메이코닥틸루스	52	벡티드라코	88
드숭가립테루스	54	벤넷타지아	90
디모르포돈	56	벨루브룬누스	92
라디오닥틸루스	58	보레옵테루스	94
라쿠소바구스	60	세라드라코	96
람포린쿠스	62	센조웁테루스	98
롱코드라코	64	소르데스	100
루도닥틸루스	66	스카포그나투스	102
리아오닝곱테루스	68	시놉테루스	104

시무르기아	106	욱테나닥틸루스	146
아누로그나투스	108	이답테루스	148
아람보우르기아니아	110	이베로닥틸루스	150
아르겐티나드라코	112	이스티오닥틸루스	152
아륵티코닥틸루스	114	이앙칸그나투스	154
아우로라즈다르코	116	이크란드라코	156
아우스트리아닥틸루스	118	제니우아놉테루스	158
아즈다르코	120	제르마노닥틸루스	160
안항구에라	122	제이앙곱테루스	162
알라모닥틸루스	124	제젭테루스	164
알랑카	126	카르니아닥틸루스	166
알키오네	128	카비라무스	168
에오아즈다르코	130	카오이앙곱테루스	170
에옵테라노돈	132	카이우아야라	172
에우디모르포돈	134	카일레스티벤투스	174
에우로페야라	136	캄필로그나토이데스	176
예올롭테루스	138	캉켕곱테루스	178
오르니토케이루스	140	케찰코아틀루스	180
우누인디아	142	콜로보린쿠스	182
우콩곱테루스	144	쿠스피케팔루스	184

쿤펭곱테루스	186	페테이노사우루스	210
크리오드라콘	188	프레야놉테루스	212
크립토드라콘	190	프레온닥틸루스	214
크테노카스마	192	프테라노돈	216
키크노람푸스	194	프테로다우스트로	218
타페야라	196	프테로닥틸루스	220
탈라소드로메우스	198	프테로린쿠스	222
테티드라코	200	플라탈레오린쿠스	224
투판닥틸루스	202	픽시	226
투푹수아라	204	하밉테루스	228
트로페오그나투스	206	하옵테루스	230
페로드라코	208	하체곱테릭스	232

익룡은 모두 어디로 갔을까?

익룡은 왜 멸종했을까?	236
우리나라의 익룡 화석	239
익룡 화석은 어떻게 연구할까?	242
익룡을 볼 수 있는 우리나라 박물관	244

익룡의 세계로 들어가며

익룡은 누구인가?

오늘날 하늘은 새들의 무대다. 하지만 이들보다 훨씬 이전에 하늘을 무대 삼았던 동물이 있다. 바로 익룡이다. 익룡은 하늘을 날았던 파충류다. 지금까지 알려진 익룡의 종류는 약 130가지이며, 박쥐만 한 것부터 기린만 한 것까지 다양했다. 이들은 지금으로부터 약 2억 2800만 년 전에 등장했고, 아쉽게도 약 6600만 년 전에 멸종했다.

익룡은 얼핏 보면 공룡 같다. 하지만 익룡과 공룡은 엄연히 다른 동물이다. 익룡에게는 가는 갈고리 같은 특수한 앞발목뼈(익형골)가 있다. 이 뼈는 오직 익룡만 가지고 있는데, 익룡의 앞발목과 어깨 사이에 있는 피부막을 지지한다. 공룡에게는 이 뼈가 없다.

최초의 익룡 화석은 1780년대에 독일에서 발견된 프테로닥틸루스 화석이다. 프테로닥틸루스는 까마귀만 한 익룡으로 새를 닮은 길쭉한 주둥이와 뾰족한 고깔 모양의 이빨을 가지고 있다. 하지만 익룡 화석을 처음으로 연구한 과학자는 그 화석의 주인이 하늘을 날았다고는 생각하지 않았다. 그는 프테로닥틸루스가 심해에 사는 동물일 것이라 생각하고는 앞다리를 지느러미로 잘못 복원해 버렸다.

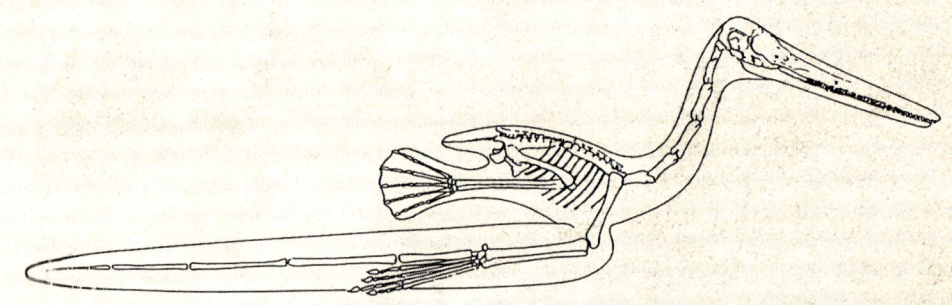

1780년대에 복원된 프테로닥틸루스의 모습. 날개를 지느러미로 잘못 복원했다.

1800년대부터는 익룡의 앞다리가 지느러미가 아닌 날개였을 거라고 주장하는 과학자들이 나오기 시작했다. 그들이 보기에 익룡의 앞발뼈는 지느러미로 사용되기에 너무나 얇았다. 그들은 익룡의 앞발가락과 몸통 옆면이 얇은 피부막으로 이어져 날개를 이루었을 것이라고 추정했다. 하지만 아쉽게도 그들의 가설을 뒷받침할 만한 화석이 없었다.

익룡의 앞다리가 날개였다는 증거는 1882년이 되어서야 나타났다. 앞발가락 끝부터 몸통 옆면까지 이어진 얇은 피부막의 흔적이 보존된 익룡 화석이 발견된 것이다. 이후로 익룡은 하늘을 나는 모습으로 박물관에 전시되거나 책 속에 그려질 수 있었다.

미국의 클리블랜드 자연사 박물관에 전시된
람포린쿠스 화석 ⓒ Tim Evanson

긴 앞발가락과 피부막으로 이루어진 익룡 날개는 깃털로 된 새 날개와는 확실히 다르다. 오히려 익룡의 날개는 박쥐와 비슷하게 생겼다. 하지만 네 개의 앞발가락이 길어져서 만들어진 박쥐 날개와 달리, 익룡 날개는 네 번째 앞발가락만 길어져서 만들어졌다. 익룡의 다섯 번째 앞발가락은 퇴화해 사라졌다.

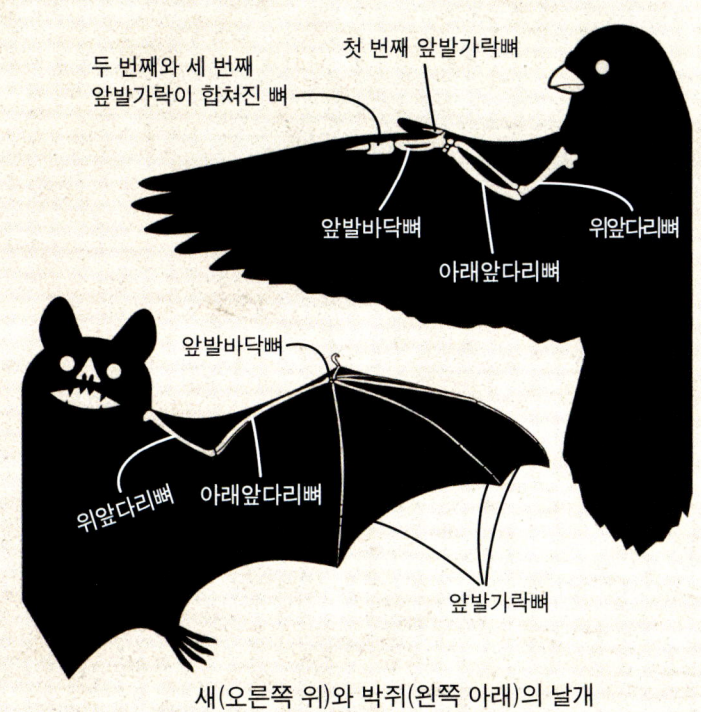

새(오른쪽 위)와 박쥐(왼쪽 아래)의 날개

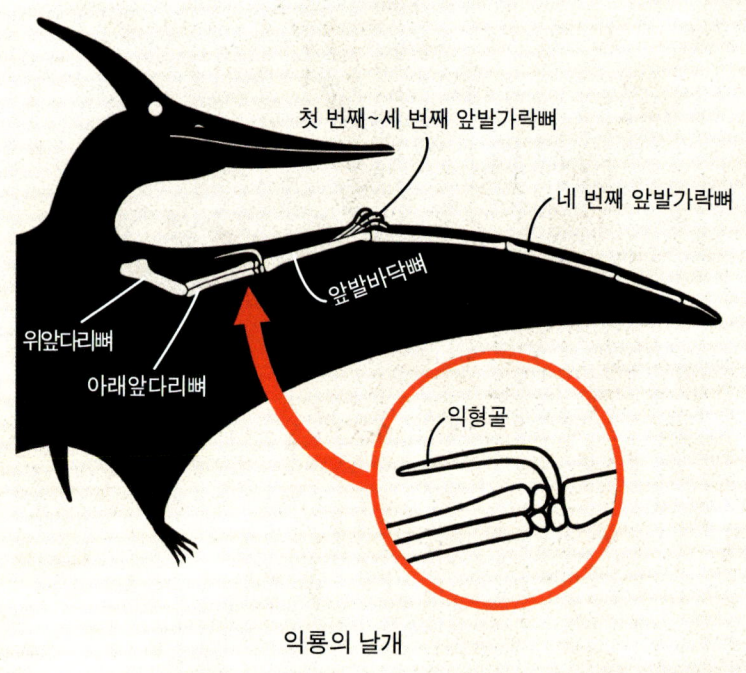

익룡의 날개

익룡이란 이름은 어디서 왔을까?

1834년에 독일의 박물학자 요한 카우프는 당시 발견된 익룡 화석들을 보고, 그리스어로 '날개 도마뱀'이란 뜻의 '프테로사우르(pterosaur)'란 이름을 붙여 줬다. 19세기 말 또는 20세기 초에 이 이름이 일본에서 한자로 번역되어 '익룡'이란 이름이 탄생했다. '익룡'은 '翼(날개 익)'자와 '龍(용 룡)'자를 합쳐서 만든 한자어다.

독일의 박물학자 요한 카우프

익룡은 어디에서 왔을까?

익룡은 파충류 중에서도 '지배파충류'라고 하는 무리에 속한다. 지배파충류는 지금으로부터 약 2억 5000만 년 전에 처음 등장했다. 이들은 머리뼈의 눈구멍과 콧구멍 사이에 구멍이 있다는 점에서 다른 파충류들과 다르다. 이 구멍은 '눈앞구멍'이라고 하는데, 머리의 무게를 줄여 주는 역할을 한다.

지배파충류는 크게 악어와 익룡 그리고 공룡 이렇게 3가지 계열로 나눌 수 있다. 악어 무리는 다른 지배파충류들과 제일 먼저 분리되어 진화했다. 하지만 오늘날의 악어는 눈앞구멍이 퇴화해 없어졌다.

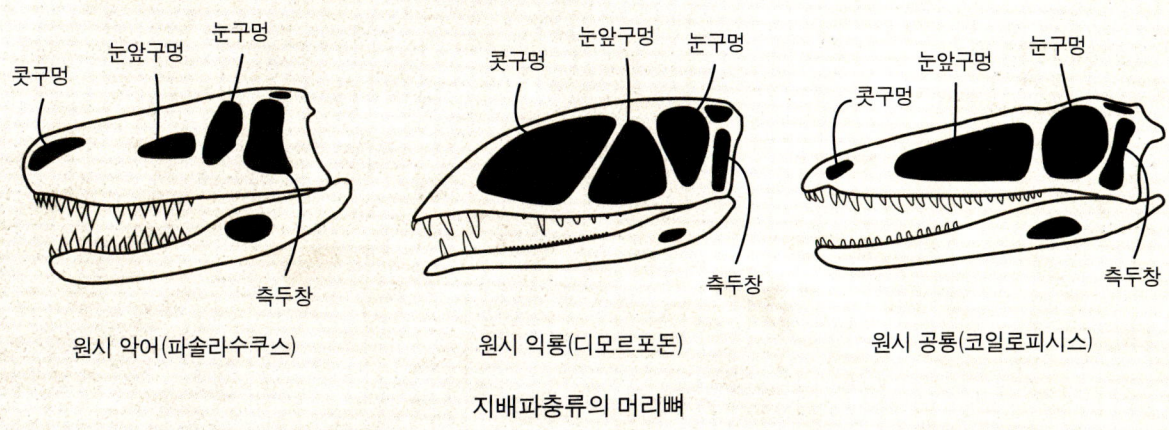

지배파충류의 머리뼈

약 2억 4500만 년 전에 익룡과 공룡 계열의 공통 조상 동물이 등장했다. 이 동물은 악어 계열과 달리 걸을 때 뒷다리의 발꿈치뼈가 움직이지 않았다. 익룡과 공룡 계열의 공통 조상으로부터 익룡 계열은 앞발목에 갈고리 같은 뼈가 생기는 쪽으로, 공룡 계열은 허벅지뼈가 닿는 골반 부위인 고관절이 뚫리는 쪽으로 진화했다.

그렇다면 가장 오래된 익룡 계열의 동물은 어떻게 생겼을까? 약 2억 3500만 년 전에 살았던 동물인 스클레로모클루스가 익룡의 조상 중 하나였을 것으로 추정된다. 이 동물은 몸길이가 18센티미터 정도로 스마트폰보다 살짝 더 크다. 뒷다리가 굉장히 긴 편이라 오늘날의 캥거루처럼 뒷다리로 깡충깡충 뛰어다녔을 것으로 여겨진다. 과학자들은 익룡의 조상이 뒷다리로 높이 뛰면서 하늘을 날아다니는 곤충을 사냥하다가 나무 위로 올라갔고, 그 후 나무와 나무 사이를 활공하기에 적합하게끔 앞다리가 날개로 진화하게 되었을 거라고 보고 있다.

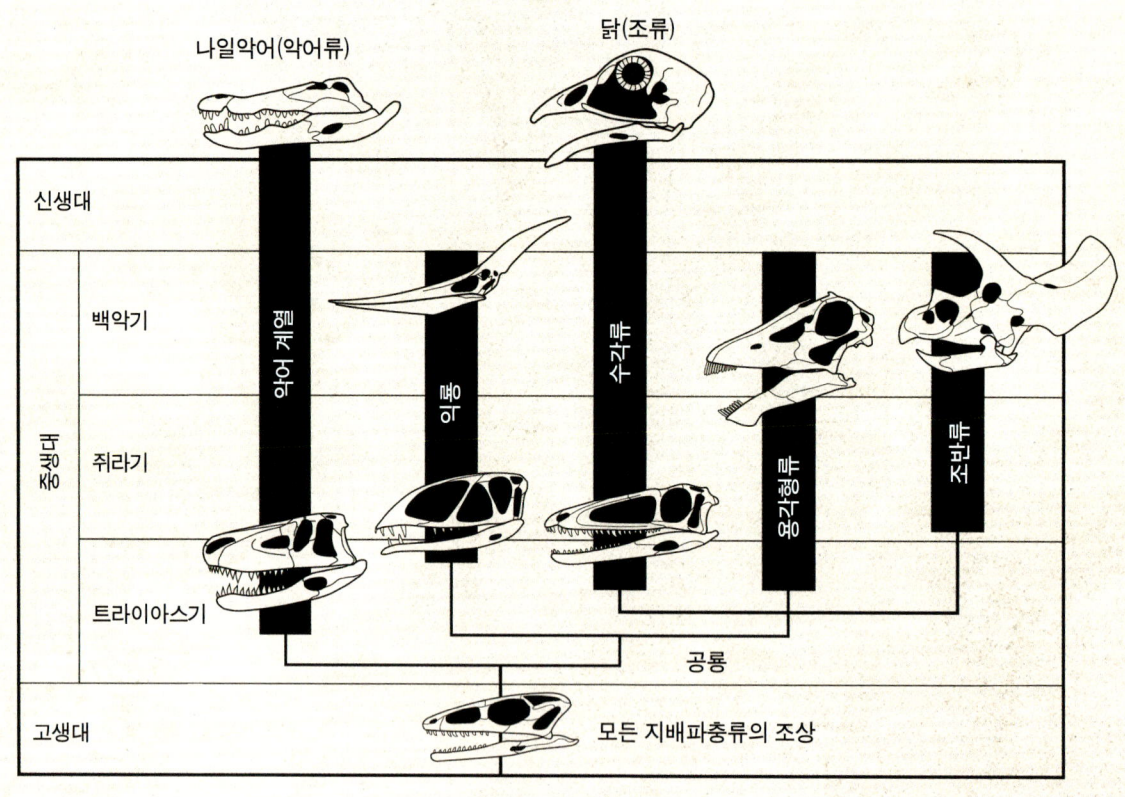

지배파충류의 계통수

 아쉽게도 스클레로모클루스와 원시 익룡 사이에 해당되는 중간 화석은 발견되지 않았다. 여러분이 이 책을 읽고 있는 동안에도 과학자들은 이 화석을 찾기 위해 노력 중이다. 가장 오래된 익룡들이 모두 유럽에서 발견됐기 때문에 어쩌면 이 중간 화석은 유럽에서 찾을 수도 있다. 하지만 익룡을 연구하는 과학자가 그리 많지 않아서 꽤 오랜 시간이 걸릴지도 모른다.

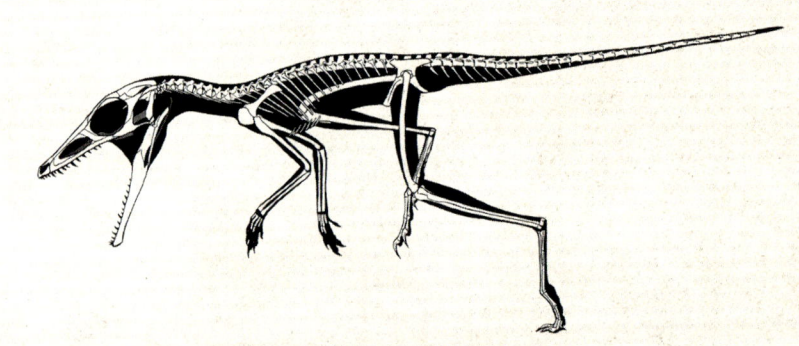

익룡의 조상 중 하나였을 것으로 추정되는 스클레로모클루스 ⓒ Jaime A. Headden

시조새는 익룡일까?

익룡과 시조새는 모두 중생대의 하늘을 날아다녔지만 서로 다른 동물이다. 시조새는 새의 조상에 해당되는 공룡으로, 원래 이름은 아르카이옵테릭스다. 시조새란 이름은 일본을 통해 우리나라에 알려졌다. 시조새는 약 1억 5000만 년 전에서 1억 4800만 년 전 사이에 독일 일대에서만 살았다.

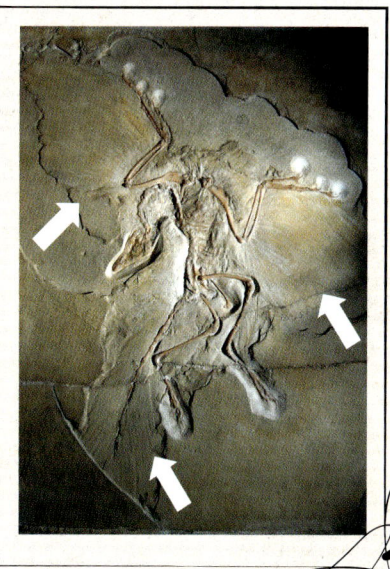

독일 베를린 자연사 박물관에 전시된 시조새 화석. 뼈뿐만 아니라 깃털의 흔적까지 보존됐다(하얀 화살표).
ⓒ H. Raab

익룡은 어떻게 날았을까?

익룡이 하늘을 날 수 있었던 이유는 뼈가 엄청 가벼워서다. 익룡 화석을 보면 뼛속이 비어 있다. 익룡이 살아 있을 때에는 텅 빈 뼛속에 공기주머니들이 가득 들어 있었다. 새도 익룡과 마찬가지로 뼛속이 비어 있고, 그 안에는 공기주머니가 들어 있다.

제비만 한 아누로그나투스는 몸무게가 5그램 정도였는데, 3마리를 합친 무게가 초밥 한 점의 무게와 비슷했다. 수리부엉이랑 덩치가 비슷한 람포린쿠스는 몸무게가 1킬로그램 정도였다. 프테라노돈처럼 날개폭이 7미터나 되는 큰 익룡들은 몸무게가 10킬로그램쯤 됐다. 지금까지 알려진 익룡 중 몸무게가 가장 무거운 종류는 케찰코아틀루스다. 날개를 폈을 때 큰 전투기만 했던 이 익룡은 몸무게가 겨우 80킬로그램 정도였다.

그렇다면 익룡은 하늘을 어떻게 날 수 있었을까? 익룡은 뒷다리가 가늘어 오늘날의 새처럼 뒷다리로 뛰어오르면서 날 수 없었다. 그래서 한동안 과학자들은 익룡이 절벽 같은 높은 곳에서 뛰어내려야만 날 수 있을 것이라고 생각했다.

우리나라에서 발견된 익룡 날개뼈 화석의 단면. 파이프처럼 속이 비어 있다.

그런데 이런 생각은 2008년이 되면서 완전히 뒤바뀌었다. 익룡의 위앞다리뼈가 다른 뼈보다 튼튼했고, 이 뼈에 붙은 근육들도 크고 강력했다는 연구 결과가 나온 것이다. 이에 과학자들은 익룡이 앞다리를 이용해 땅을 박차고 힘차게 날갯짓을 하며 하늘로 날아오를 수 있었다는 사실을 알아냈다.

익룡이 날아오르는 속도는 어마어마하게 빨랐다. 계산에 따르면 거대한 케찰코아틀루스가 하늘을 오르는 데 걸린 시간은 0.59초였다. 그리고 날아오르는 속도는 초속 15미터에 이르렀다. 전투기만 한 크기로 이렇게 빨리 하늘을 날 수 있는 동물은 오늘날 지구상에는 그 어디에도 없다.

앞발가락 세 개와 뒷발을 이용해 네 발로 걸어 다녔다.

1단계

비행기와 달리 긴 활주로가 필요 없다. 오로지 강력한 앞다리뼈와 근육만을 이용해 땅을 박차고 날아오를 수 있었다.

2단계

3단계

하늘로 날아오르는 데 1초도 채 걸리지 않았다. 오늘날 새처럼 힘차게 날갯짓을 하며 하늘 높이 올라갔다.

익룡이 하늘로 날아오르는 방법

새는 왜 익룡만큼 크지 않을까?

오늘날 날아다니는 새 중 가장 몸집이 큰 것은 유라시안검은독수리다. 이 독수리의 날개폭은 약 3미터인데, 케찰코아틀루스의 약 4분의 1밖에 되지 않는 크기다. 유라시안검은독수리보다 더 큰 새들은 모두 날지 못한다.

날아다니는 새가 익룡만큼 커질 수 없는 건 바로 날아오르는 방법이 다르기 때문이다. 새는 익룡과 달리

뒷다리로 땅을 박차며 하늘로 날아오르려는 갈매기들의 모습 ⓒ Sharon Mollerus

뒷다리로만 걷고, 날아오를 때도 뒷다리 근육만을 이용해 땅을 박차고 날아오른다. 그래서 새는 몸집이 커지면 커질수록 뒷다리 근육도 커져야 한다. 하지만 뒷다리 근육이 무거워지면 몸무게가 많이 늘어나 몸을 하늘로 띄우기가 아주 힘들어진다.

반면에 익룡은 땅 위를 걷거나, 하늘로 날아오르거나, 날갯짓을 할 때 날개로 사용하는 앞다리 근육만을 쓴다. 그래서 몸집이 커져서 앞다리 근육이 많아져도 날개가 강해지는 것이기 때문에 하늘을 나는 데 아무 문제가 없다. 이런 이유로 익룡은 새와 달리 몸집을 전투기만 하게 불릴 수 있었던 것이다.

긴 꼬리에서 짧은 꼬리로

원시 익룡들은 대체로 긴 꼬리를 가지고 있다. 예를 들면 디모르포돈은 꼬리가 몸의 절반 이상을 차지한다. 디모르포돈의 긴 꼬리를 이루는 뼈들은 30개나 되는데, 서로 포개져 있어서 꼬리를 구부리기가 힘들다. 이처럼 길고 뻣뻣한 꼬리는 아마도 하늘을 날면서 몸의 방향을 바꿀 때 사용됐을 것이다. 오늘날의 날다람쥐도 활공하면서 긴 꼬리를 흔들며 몸의 방향을 바꾼다. 원시 익룡들은 긴 꼬리를 흔들며 숲속의 빽빽한 나무 사이나 절벽의 바위틈을 이리저리 날아다녔을 것이다.

원시 익룡들은 대부분 절벽이나 나무에 매달려서 지냈지만 땅 위도 잘 걸을 수 있었다. 익룡은 날개를 이루는 네 번째 앞발가락을 제외한 세 앞발가락과 평평한 뒷발을 이용해 네 발로 걸었다. 프랑스에서는 원시 익룡들이 남긴 발자국 화석들이 발견됐다. 긴 꼬리를 땅에 끌었던 흔적은 없었기 때문에 원시 익룡들은 네 발로 잘 걸어 다녔다고 할 수 있다. 다만 원시 익룡들의 발자국이 희귀하기 때문에 과학자들은 이들이 웬만하면 땅 위로 내려오진 않았을 것으로 보고 있다.

약 1억 6200만 년 전에 익룡의 꼬리는 짧아지기 시작했다. 이들의 꼬리가 짧아진 건 아마도 생활 방식이 바뀌었기 때문일 것이다. 꼬리가 짧아진 익룡들은 드넓은 호수나 바다 또는 들판 위를 날아다녔다. 이런 탁 트인 곳에서는 몸의 방향을 굳이 급하게 바꿀 필요가 없으므로 익룡들의 꼬리는 점점 짧아졌을 것이다.

원시 익룡과 달리 꼬리가 짧은 익룡들은 땅 위로 자주 내려왔다. 미국, 유럽, 아시아에서는 이런 진화된 익룡들이 남긴 선명한 발자국 화석들이 많이 발견된다. 이들은 빠르게 걸을 수 있을 뿐만 아니라 뛸 수도 있었다.

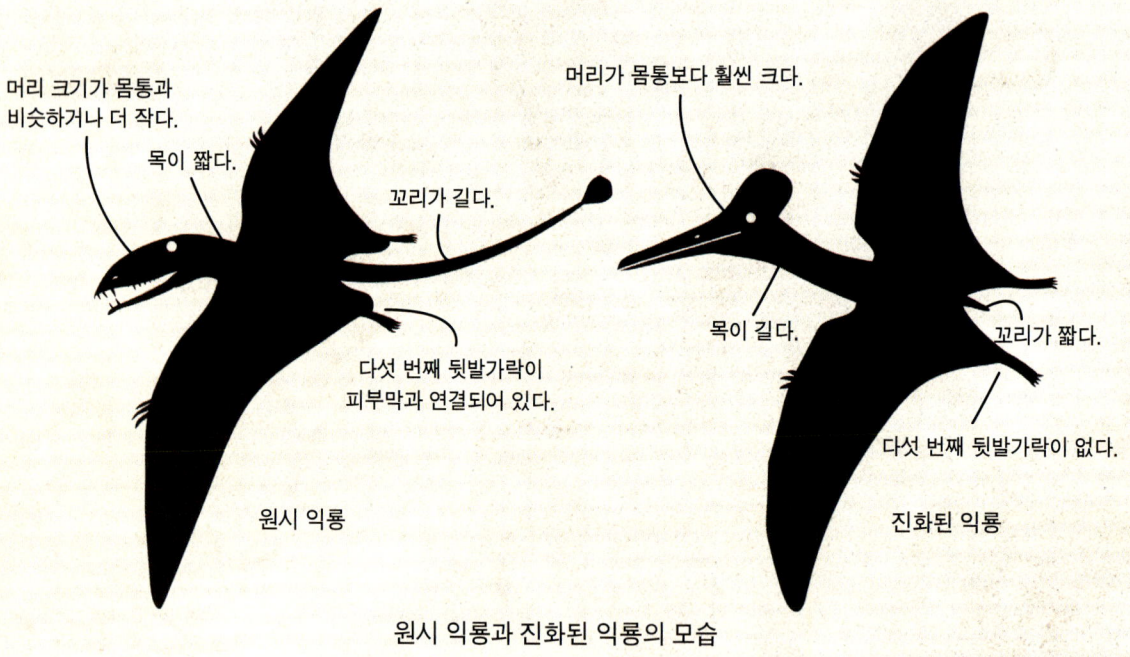

원시 익룡과 진화된 익룡의 모습

달라진 머리뼈 모양

원시 익룡에서 진화된 익룡으로 진화하는 과정에서 꼬리가 짧아졌을 뿐만 아니라 머리뼈에 난 구멍도 달라졌다. 원시 익룡은 주둥이가 비교적 짧고, 눈구멍과 콧구멍 사이에 눈앞구멍이 존재한다. 반면에 진화된 익룡은 주둥이가 길쭉하고, 눈앞구멍과 콧구멍이 하나로 합쳐져 있다. 이 두 구멍이 합쳐진 이유는 아직 밝혀지지 않았다. 어쩌면 커져 버린 머리의 무게를 줄이기 위해 합쳐진 것일 수도 있다.

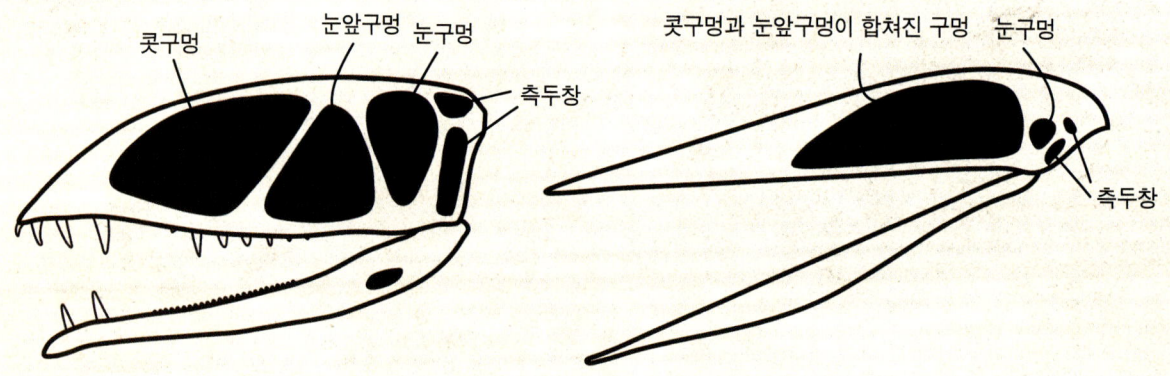

원시 익룡과 진화된 익룡의 머리뼈

복슬복슬한 익룡?

익룡은 파충류지만 온몸이 비늘로 덮여 있는 도마뱀이나 거북, 악어와는 다르다. 익룡은 온몸이 털처럼 생긴 원시 깃털로 덮여 있다. '부섬유'라고 불리는 이 복슬복슬한 원시 깃털로 덮인 모습 때문에 과학자들은 익룡이 오늘날의 포유류처럼 몸이 따뜻하고 몸짓이 재빠른 동물들이었을 것으로 보고 있다. 또한 이런 원시 깃털은 몇몇 공룡에게도 발견되기 때문에 어쩌면 익룡과 공룡의 공통 조상도 복슬복슬한 모습이었을 수도 있다.

소르데스의 화석에 보존된 복슬복슬한 원시 깃털의 흔적(하얀 화살표) ⓒ Ghedoghedo

다양한 주둥이의 등장

원시 익룡은 주둥이 모양이 거의 비슷했다. 비슷한 환경에서 비슷한 먹이를 먹고 살았기 때문이다. 이들은 주로 호수 주변이나 바닷가에 살았고, 곤충이나 작은 물고기를 잡아먹었다. 하지만 쥐라기 후기부터 익룡은 꼬리가 짧아지고 다리가 길어져 땅 위를 자유롭게 걸어 다닐 수 있었다.

그러자 익룡은 이전에 가 보지 못했던 새로운 환경에서 살며 서로 다른 먹이를 맛볼 수 있었다. 이에 백악기부터는 주둥이 모양이 다양해지면서 다양한 종류로 진화할 수 있었다.

진화된 익룡들이 어떤 먹이를 먹고 살았는지는 머리뼈를 보면 알 수 있다. 백악기에 브라질 일대에서 살았던 '안항구에라'라는 익룡은 주둥이가 마치 미끄러운 면발을 건져 올리는 데 사용하는 집게처럼 생겼다. 그래서 과학자들은 안항구에라가 오늘날의 갈매기처럼 바다 위를 날며 미끄러운 물고기를 낚아챘을 것으로 보고 있다.

백악기에 중국에서 살았던 드숭가립테루스는 위로 휘어진 핀셋처럼 생긴 주둥이와 낮은 고깔 모양의 어금니를 가졌다. 과학자들은 드숭가립테루스가 주둥이 끝으로 모래나 갯벌 속에 숨어 있는 갑각류나 조개를 파낸 후 어금니로 으깨 먹었을 것으로 추정한다.

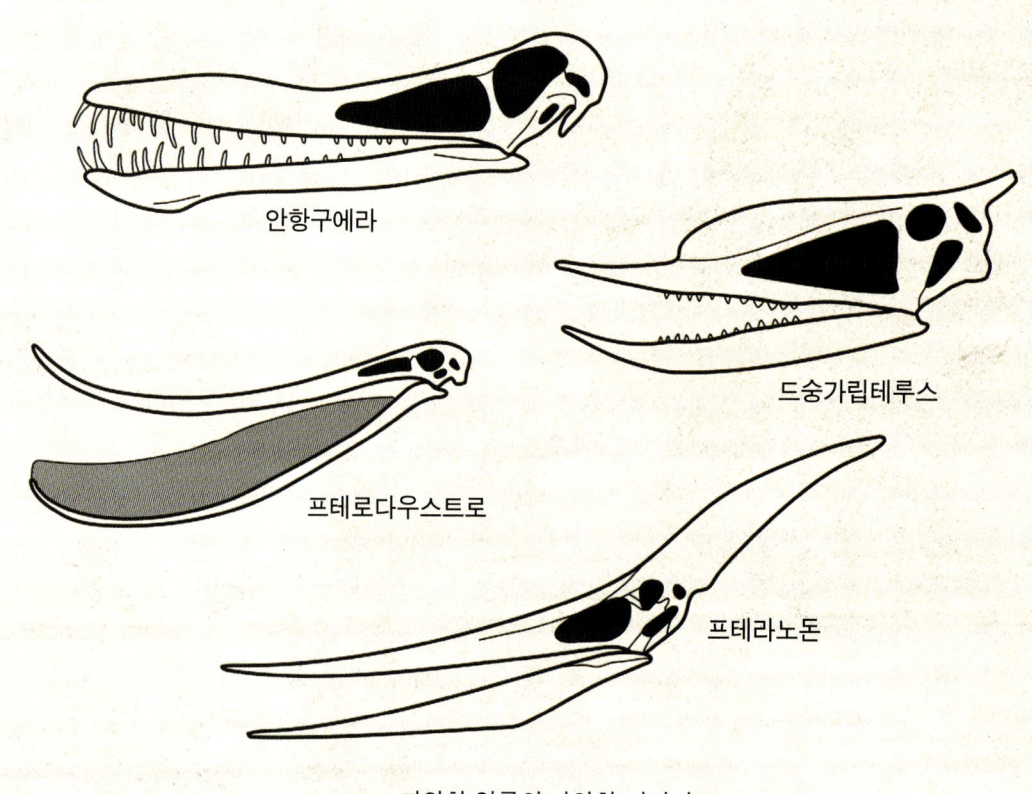

다양한 익룡의 다양한 머리뼈

백악기에 아르헨티나에서 살았던 프테로다우스트로는 주둥이 안에 털처럼 생긴 이빨들이 가득했다. 이 익룡의 이빨은 오늘날 홍학의 부리 안에 있는 수염과 비슷하다. 수염을 이용해 물속에서 사는 매우 작은 갑각류들을 걸러 먹는 홍학처럼 프테로다우스트로도 억센 털 같은 이빨로 매우 작은 갑각류들을 걸러 먹었을 것이다.

이와는 반대로 백악기 후기에 미국 일대에서 살았던 프테라노돈은 이빨이 아예 없

다양한 갈라파고스핀치의 모습

었다. 이빨이 없으면 오히려 다양한 먹이를 먹을 수 있다. 프테라노돈은 주로 물고기를 잡아먹었지만 오징어와 같은 연체동물도 잡아먹고, 바닷가에 떠밀려 온 죽은 동물도 맛있게 먹었을 것이다.

환경과 먹이에 따라 주둥이 모양이 변하는 건 오늘날 동물도 마찬가지다. 수많은 섬으로 이루어진 갈라파고스 제도에서 사는 새인 갈라파고스핀치는 원래 한 종이었지만 사는 섬의 환경에 따라 부리 모양과 크기가 서로 다르게 진화했다.

익룡의 화려한 볏

익룡들은 진화하면서 머리에 볏도 솟기 시작했다. 잘 알려진 프테라노돈의 경우 뒤통수에 붓 모양 또는 길쭉한 모양의 볏이 솟아 있다. 브라질에서 발견된 익룡인 탈라소드로메우스에게는 삼각자처럼 생긴 큰 볏이 있다. 프테라노돈의 가까운 친척인 닉토사우루스는 기다란 새총 모양의 볏이 뒤통수에 뻗어 있다. 이 밖에도 크고 기괴한 모양의 볏을 가진 익룡들이 많았다.

익룡들은 왜 이렇게 큰 볏을 가지게 되었을까? 한때 과학자들은 익룡들이 하늘을 잘 날기 위해 큰 볏을 진화시킨 것이라고 생각했다. 과거의 원시 익룡들이 꼬리를 이용해 몸의 방향을 바꾸었던 것처럼, 진화된 익룡들도 볏을 이용해 몸의 방향을 바꾸었을 것이라고 여겼다.

공기를 가르며 빠른 속도로 날기 위해 볏을 발달시켰다고 생각한 과학자들도 있었다. 하지만 작은 모형을 이용한 실험을 통해 익룡의 볏이 이런 역할들을 제대로 하지 못한다는 사실이 밝혀졌다.

오늘날 과학자들은 익룡의 볏이 이성을 유혹하기 위해 쓰였을 것으로 추정한다. 오늘날 동물들도 거추장스러운 장식을 이성을 유혹하는 데 사용하기 때문이다. 공작의 화려한 꼬리 깃털이나 사슴의 근사한 뿔, 코끼리의 단단한 상아가 대표적인 경우다.

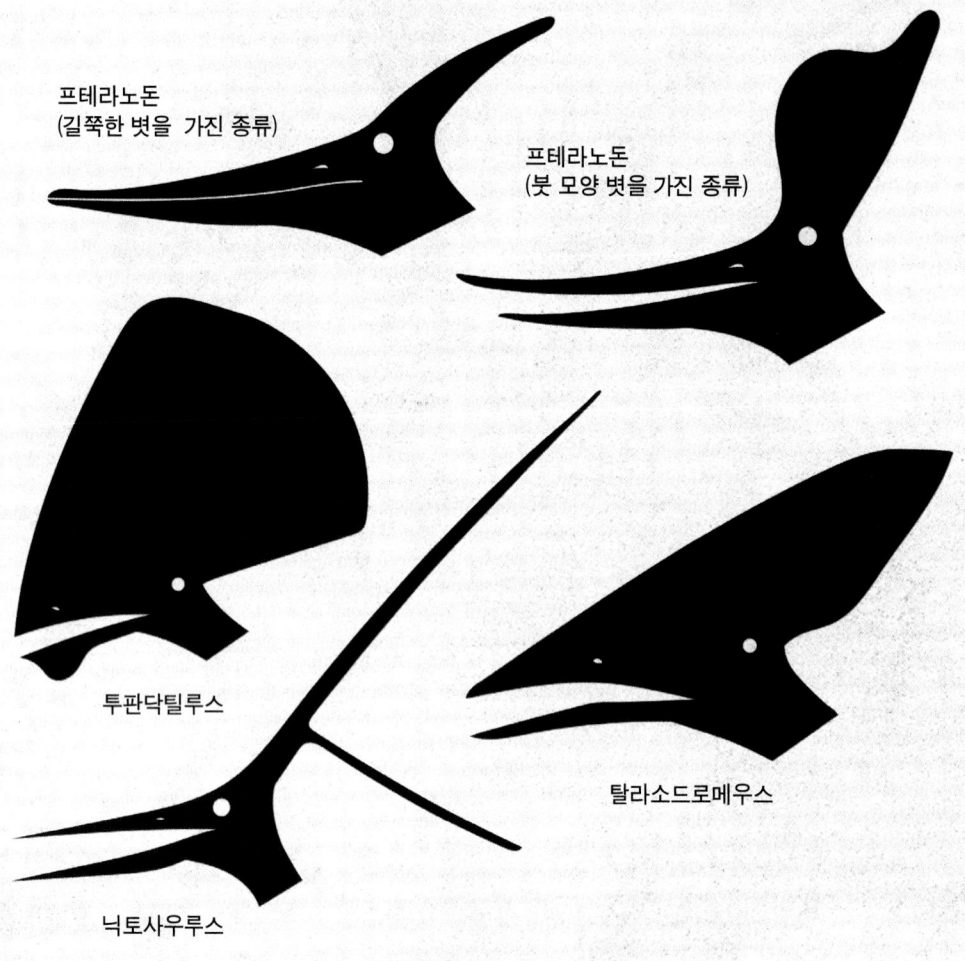

익룡들의 특이한 볏 모양

성 선택이란?

오늘날의 동물들은 화려한 몸 색깔이나 아름다운 노랫소리나 멋진 뿔 모양 등을 이용해 이성을 유혹한다. 수컷 공작의 화려한 꼬리 깃털, 수컷 고래의 아름다운 노래, 수컷 사슴의 근사한 뿔 등이 대표적이다. 암컷 공작은 보다 화려한 깃털을 가진 수컷을, 암컷 고래는 보다 아름다운 노래를 부르는 수컷을, 암컷 사슴은 보다 크고 근사한 뿔을 가진 수컷을 짝으로 선택한다.

이들이 짝짓기를 하면 부모를 닮아 화려한 깃털, 아름다운 노랫소리, 큰 뿔을 가진 새끼가 태어난다. 이런 특징들이 계속 전달되면 먼 훗날 이들의 후손들은 눈부시게 화려한 깃털, 눈물이 날

정도로 아름다운 노랫소리, 부담스러울 정도로 큰 뿔을 가지게 된다.

 이처럼 이성에 의해 어떤 형질이 선택되어 생물이 진화해 가는 방식을 '성 선택'이라고 하는데, 익룡도 이런 성 선택에 의해 다양한 모습으로 진화한 것으로 보인다. 익룡들이 크고 아름다운 볏을 가진 짝을 고르다 보니 시간이 흐르면서 더 크고 괴상한 볏을 가진 종류들이 생겨난 듯하다.

근사한 머리 뿔을 가진 수컷 붉은사슴
ⓒ Massimo Catarinella

백악기의 거대한 익룡

 중생대는 거대한 공룡의 세계였지만 공룡만 거대했던 것은 아니다. 익룡 중에서도 거대한 덩치를 자랑하는 종류들이 있었는데 바로 미국의 케찰코아틀루스, 캐나다의 크리오드라콘, 요르단의 아람보우르기아니아, 루마니아의 하체곱테릭스다. 이들은 모두 백악기가 끝날 무렵에 살았으며, 날개폭이 10미터가 넘고 키는 기린과 맞먹었다.

 이 거대한 익룡들은 목도 기린처럼 길었지만 목이 유연하지는 않았다. 어떤 과학자는 거대한 익룡들이 기다란 목을 죽은 공룡의 몸속에 깊숙이 넣어 고기를 뜯어먹었을 것이라고 생각했다. 하지만 거대한 익룡들의 머리에는 뼈로 된 볏이 솟아 있기 때문에 죽은 공룡 몸속에 머리를 파묻기 어렵다.

 어떤 과학자는 거대한 익룡들이 긴 목과 뾰족한 주둥이를 이용해 갯벌을 파헤치며 그 속에 사는 작은 연체동물들을 잡아먹었을 거라고 생각했다. 그러나 거대한 익룡들은 목이 별로 유연하지 못했기 때문에 그

미국의 휴스턴 자연사 박물관에 전시된
케찰코아틀루스 뼈대 ⓒ Kenneth Lu

랬다간 목이 부러졌을 것이다.

　오늘날 과학자들은 거대한 익룡들이 오늘날의 학처럼 성큼성큼 걸어 다니며 땅 위를 돌아다니는 작은 동물들을 잡아먹었을 것으로 보고 있다. 거대한 익룡들은 목만 긴 게 아니라 다리도 길었는데, 이런 긴 다리는 땅 위를 빠르게 걸어 다닐 때 유용했다.

　거대한 익룡들의 목이 길어지게 된 건 사실 긴 다리 때문이었다. 다리가 길어지면서 키가 커지자 땅 위를 돌아다니는 먹이를 잡아먹기 위해 목이 길어진 것이다. 높은 나무에 달린 나뭇잎을 먹기 위해 목이 길어진 기린과는 정반대인 셈이다.

　거대한 익룡들은 어른 한 명쯤은 한입에 삼킬 수 있을 정도로 주둥이도 길었다. 이들은 큰 도마뱀이나 작은 악어, 포유류, 심지어는 작은 공룡까지 잡아먹었을 것이다.

사람, 티라노사우루스, 케찰코아틀루스, 기린의 크기 비교

익룡의 알은 얼마나 클까?

익룡은 다른 파충류인 도마뱀, 거북, 악어 그리고 공룡처럼 알을 낳는다. 익룡의 알은 작은 편인데, 지금까지 알려진 익룡 알 화석들은 모두 길이가 채 10센티미터가 되지 않는다.

익룡의 알이 작을 수밖에 없었던 것은 새끼가 작았기 때문이다. 알 속의 새끼가 커지면 자칫하다가는 알이 깨질 수 있어 알껍질도 같이 두꺼워져야 한다. 하지만 새끼는 두꺼운 알껍질을 깨고 나갈 수가 없기 때문에 아무리 덩치가 큰 익룡이라도 새끼는 작을 수밖에 없다.

익룡 알의 또 다른 특징은 딱딱한 달걀 껍데기와는 달리 겉껍질이 가죽처럼 말랑말랑하다는 것이다. 그렇다 보니 익룡은 알이 화석으로 보존되기가 힘들다.

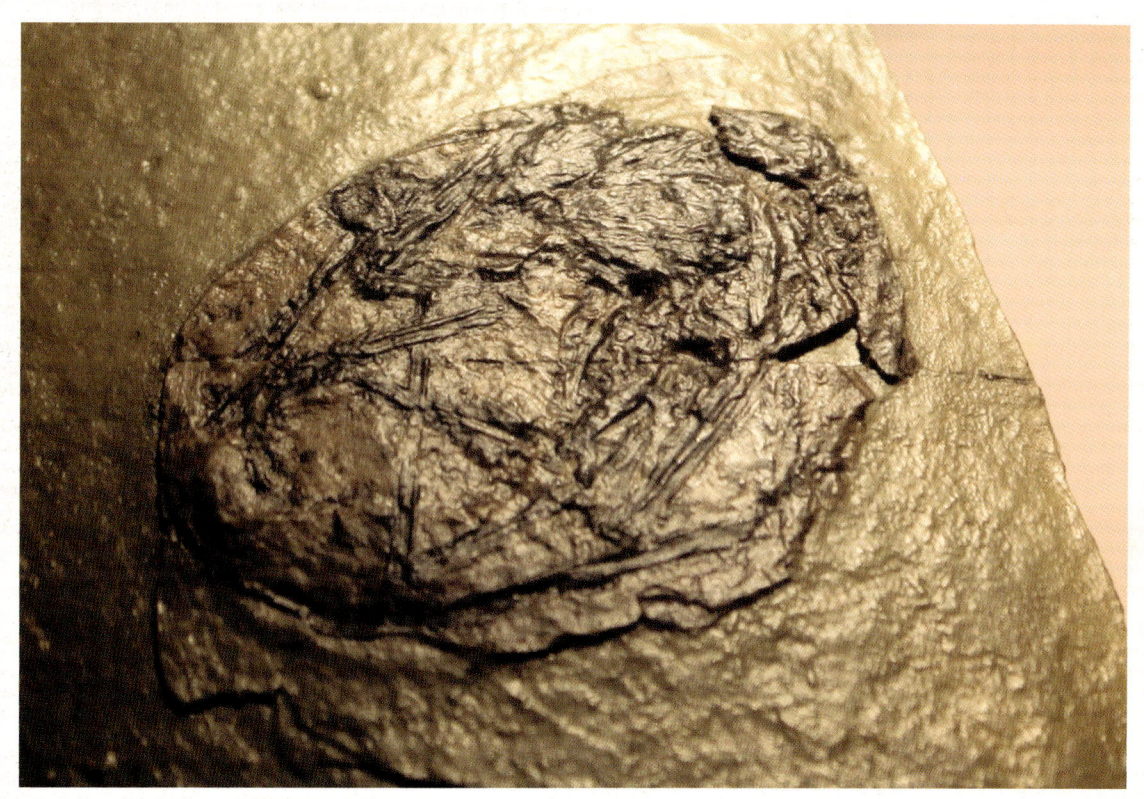

중국의 고동물학 박물관에 전시된 익룡 알 화석.
자세히 보면 새끼 익룡의 뼈들도 보존됐다. ⓒ Morosaurus millenii

익룡 대가족

아래는 익룡의 계통수다. 일종의 가계도 같은 것이다. 가계도처럼 서로 가까운 가지에 있는 익룡 무리일수록 가까운 친척 관계다. 익룡은 모두 뼈의 모양을 통해 분류된다.

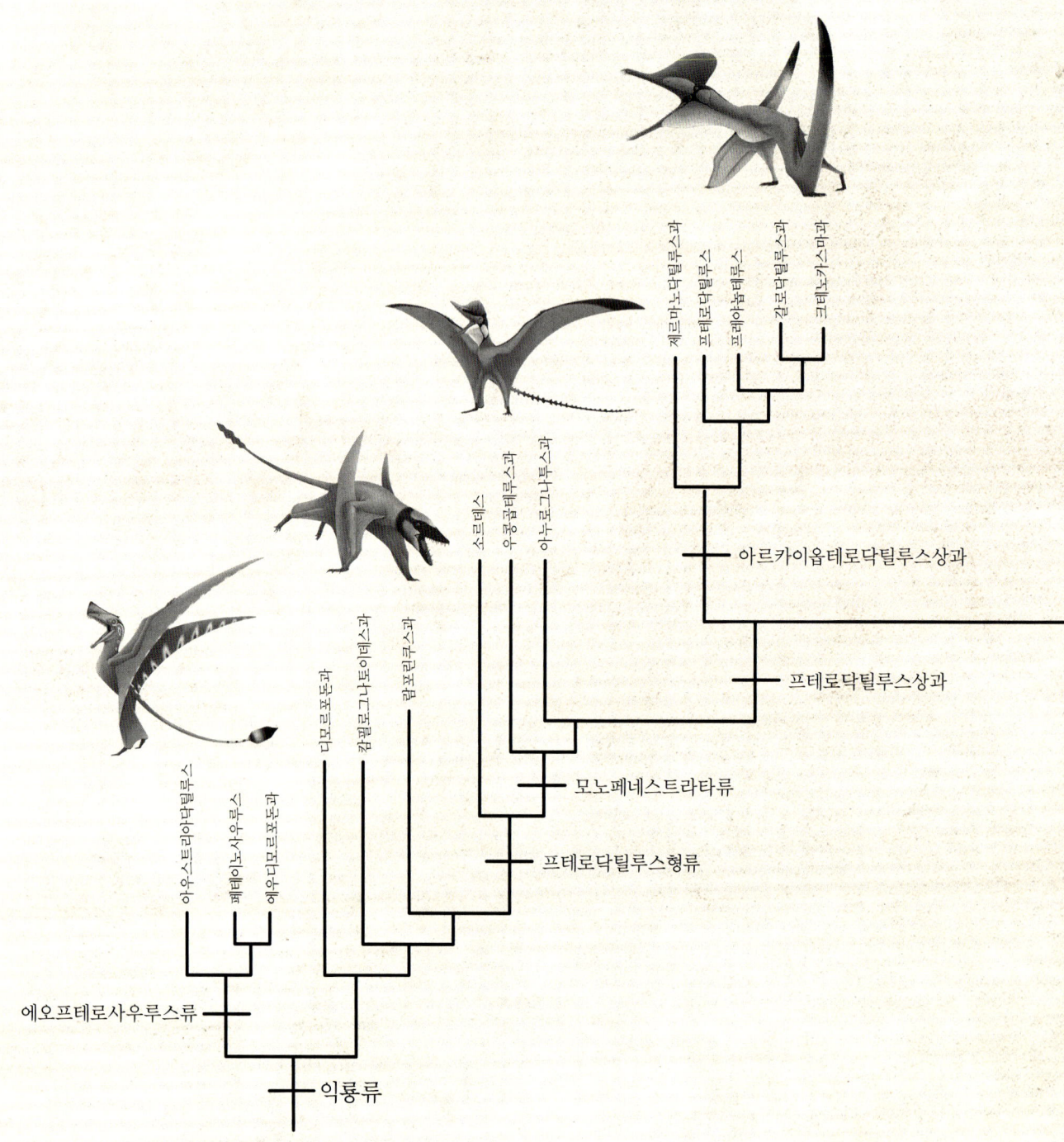

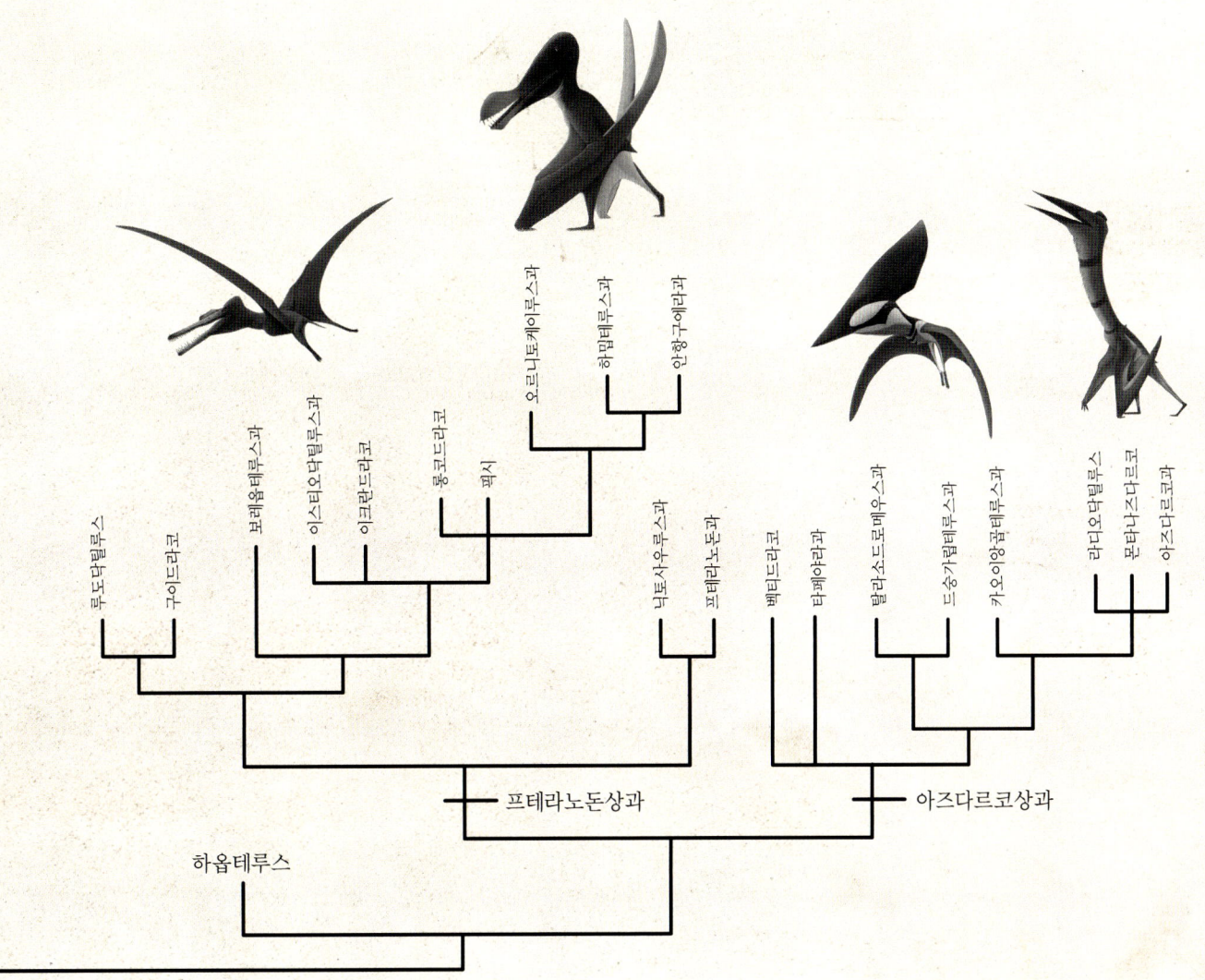

31

일러두기
- 익룡의 한글명 오른쪽에 있는 알파벳 표기는 익룡의 학명입니다.
  한글명은 학명을 한글로 표기한 것입니다.
- 익룡 실루엣과 함께 그려진 사람 실루엣의 키는 160센티미터입니다.
  손바닥 너비(엄지손가락 끝부터 새끼손가락 끝까지의 직선 길이)는 15센티미터입니다.
- 익룡 학명과 외국 지명 및 인명은 외래어 표기법을 따랐습니다.
  다만 관용적 표기와 동떨어진 경우에는 관례에 따랐습니다.

신비한 익룡 사전
ㄱ부터 ㅎ까지

구이드라코 *Guidraco*

프테로닥틸루스형류　모노페네스트라타류　프테로닥틸루스상과　오르니토케이루스상과　프테라노돈상과

머리 길이가 38센티미터다. 가늘고 길쭉한 주둥이 안에는 긴 바늘 같은 이빨이 가득하다. 이빨이 위턱에는 46개, 아래턱에는 36개 나 있다. 주둥이 앞쪽에 있는 이빨들이 가장 길며 뒤쪽으로 갈수록 이빨 길이가 짧아진다. 곧게 난 뒤쪽 이빨과 달리 앞쪽 이빨은 입 바깥으로 뻗어 있다. 그래서 과학자들은 구이드라코가 강돌고래처럼 긴 주둥이와 뾰족한 이빨을 이용해 미끌미끌한 물고기를 잡아먹었을 것으로 추정한다. 호수 위를 떠다니며 고개를 숙여 물고기를 잡거나 물속으로 잠수해 날개를 퍼덕이며 물고기를 쫓아갔을 것이다. 정수리에는 얇은 뼈로 된 둥근 볏이 솟아 있다. 이 볏은 이성을 유혹하는 데 쓰였을 것이다.

중국의 고척추동물 및 고인류 연구소에 있는 구이드라코 머리뼈와 목뼈 화석 ⓒ Ghedoghedo

이름 뜻: 사악한 유령 용
시대: 1억 2500만 년 전~1억 1200만 년 전(백악기 전기)
분포: 중국 날개폭: 5미터로 추정 먹이: 물고기

그나토사우루스 *Gnathosaurus*

프테로닥틸루스형류   모노페네스트라타류   프테로닥틸루스상과   아르카이옵테로닥틸루스상과   크테노카스마과

1832년 독일에서 처음 발견됐다. 하지만 길쭉한 턱의 일부만 나와서 당시 과학자들은 이 동물이 악어인 줄 알았다. 그리스어로 '턱 도마뱀'이라는 뜻의 이름 또한 턱만 발견되는 바람에 붙여진 것이다. 1850년대에 좀 더 온전한 화석이 나오고 나서야 그나토사우루스는 비로소 익룡으로 분류될 수 있었다.

머리 길이는 28센티미터다. 주둥이는 납작하고 길쭉하며 주걱처럼 생겼다. 주둥이가 주걱같이 생긴 오늘날 동물로는 저어새가 있다. 저어새는 부리를 얕은 물에 담가 좌우로 저으면서 작은 갑각류나 물고기 등을 잡아먹는다. 과학자들은 그나토사우루스가 저어새와 비슷하게 먹이를 잡았을 것으로 추정한다. 그나토사우루스의 주둥이 안에는 털 같은 이빨이 130개 정도 있는데, 작고 미끄러운 동물을 물기에 알맞다.

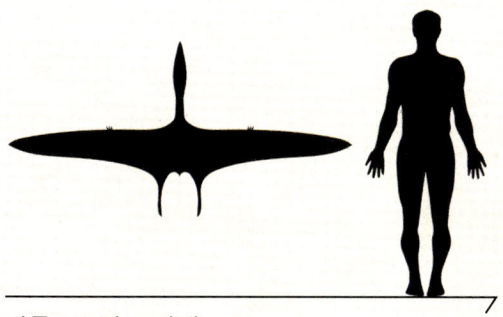

이름 뜻: 턱 도마뱀
시대: 1억 5000만 년 전~1억 4550만 년 전(쥐라기 후기)
분포: 독일, 영국 날개폭: 1.7미터 먹이: 작은 갑각류나 물고기

노르만노그나투스 *Normannognathus*

프테로닥틸루스형류   모노페네스트라타류   프테로닥틸루스상과   아르카이옵테로닥틸루스상과   갈로닥틸루스과

주둥이가 위로 살짝 휘어져 있다. 이빨은 짧은 못처럼 생겼다. 콧등에는 얇은 뼈로 된 볏이 하나 있다. 살아 있었을 때는 볏 위에 손톱 같은 단단한 각질이 덮여 있었을 것이다. 주둥이 끝부분만 발견되어 전체 모습은 알 수 없다. 프랑스의 북서부 지역인 노르망디에서 발견됐기 때문에 그리스어로 '노르망디의 턱'이란 뜻의 이름을 얻게 되었다. 노르만노그나투스는 물이 얕고 따뜻한 바닷가에서 살았다. 아마도 작은 물고기를 잡아먹었을 것이다.

이름 뜻: 노르망디의 턱
시대: 1억 5500만 년 전~1억 5000만 년 전(쥐라기 후기)
분포: 프랑스   날개폭: 70센티미터로 추정   먹이: 작은 물고기

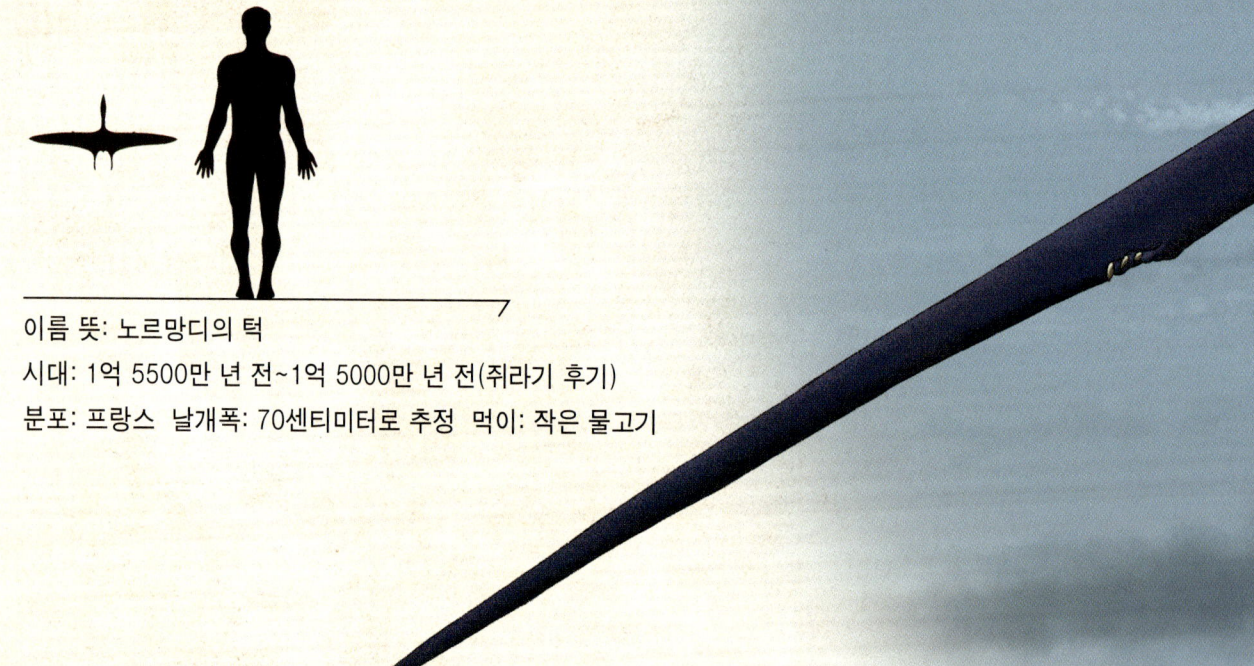

노립테루스 *Noripterus*

프테로닥틸루스형류   모노페네스트라타류   프테로닥틸루스상과   아즈다르코상과   드숭가립테루스과

다른 익룡보다 주둥이가 짧은 편이다. 주둥이 앞쪽에는 이빨이 없고, 뒷쪽에만 고깔 모양의 튼튼한 이빨들이 듬성듬성 솟아 있다. 주둥이 끝으로 단단한 껍데기를 가진 갑각류나 조개 등을 물어 뒤쪽에 난 이빨로 으깨 먹었을 것이다. 콧등 가운데부터 뒤통수까지 뼈와 각질로 이루어진 얇은 볏 하나가 솟아 있다. 아마도 이성을 유혹하는 데 쓰였을 것이다.

노립테루스는 같은 시기에 같은 지역에서 살았던 드숭가립테루스와 상당히 비슷하게 생겼다. 하지만 주둥이가 위로 휘어진 드숭가립테루스와 달리 주둥이가 곧다. 또한 드숭가립테루스는 이빨 아랫쪽이 뼈로 덮여 있지만 노립테루스는 전혀 그렇지 않다. 이 두 익룡의 주둥이와 이빨 구조가 달랐던 것은 어쩌면 서로 다른 먹이를 먹었기 때문이다. 드숭가립테루스는 조금 더 큰 갑각류를, 노립테루스는 작은 갑각류나 조개를 먹었을 것으로 보고 있다.

노립테루스는 다리뼈가 튼튼하고 긴 편이다. 그래서 과학자들은 이 익룡이 호숫가를 부지런히 걸어 다니며 먹이를 찾아다녔을 것으로 추정한다. '호수의 날개'라는 뜻의 이름은 이러한 이유로 붙여졌다.

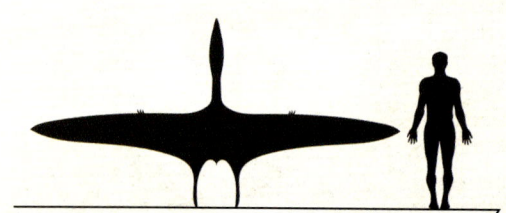

이름 뜻: 호수의 날개
시대: 1억 4500만 년 전~9900만 년 전(백악기)
분포: 중국, 몽골   날개폭: 4미터로 추정   먹이: 작은 갑각류나 연체동물

누라키우스 *Nurhachius*

프테로닥틸루스형류 모노페네스트라타류 프테로닥틸루스상과 프테라노돈상과 이스티오닥틸루스과

머리 길이가 약 33센티미터다. 머리뼈에 큰 구멍이 있어 크기에 비해 머리가 가벼웠다. 길쭉한 주둥이 안에는 가늘고 뒤로 휘어진 뾰족한 이빨들이 나 있다. 이빨은 모두 주둥이 앞쪽에 몰려 있다. 누라키우스가 속한 이스티오닥틸루스과 익룡들은 땅 위를 성큼성큼 걸어 다니며 먹이를 사냥했다. 누라키우스도 다른 이스티오닥틸루스과 익룡처럼 주로 육지에서 사냥을 했을 것이다. 요리용 집게처럼 생긴 주둥이를 이용해 작은 동물을 잡아먹었을 것으로 추정된다. 누라키우스라는 이름은 중국 청나라의 초대 황제의 이름인 '누르하치'에서 따온 것이다. 누라키우스의 화석이 처음 발견된 장소가 누르하치 황제가 지냈던 곳이기 때문이다.

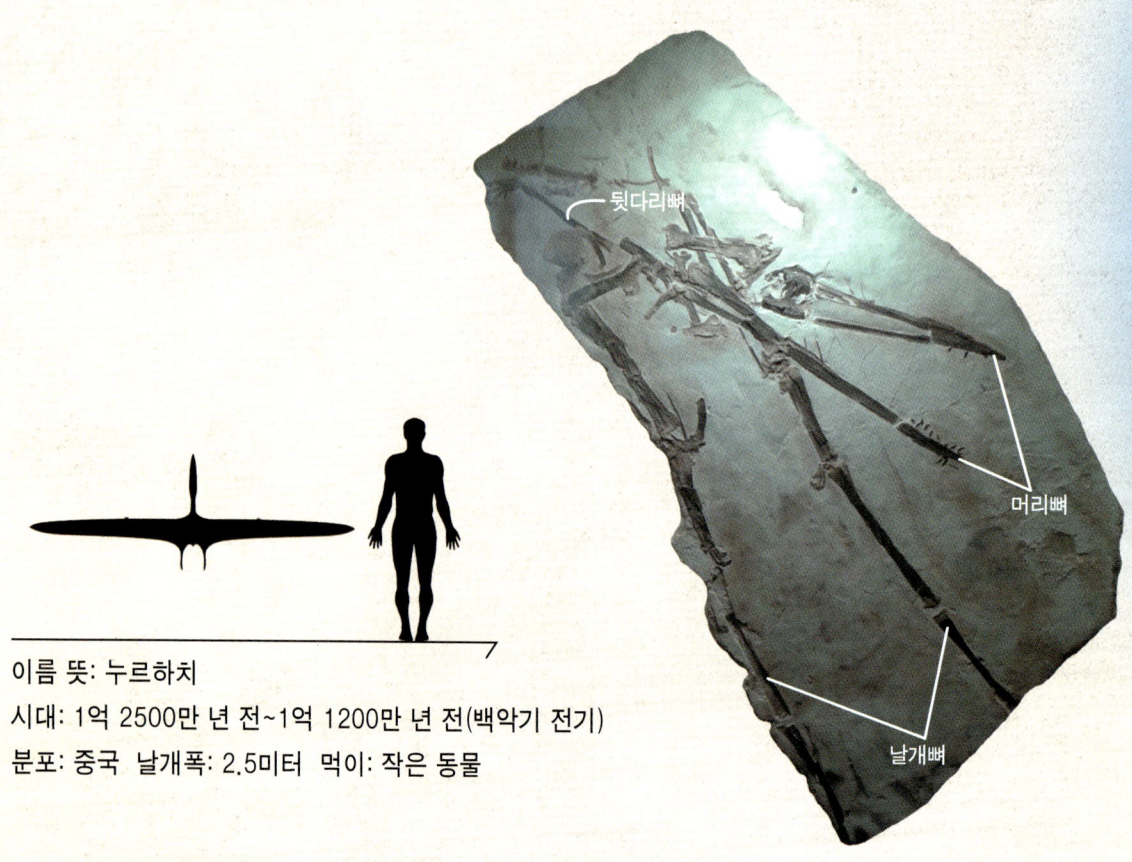

이름 뜻: 누르하치
시대: 1억 2500만 년 전~1억 1200만 년 전(백악기 전기)
분포: 중국 날개폭: 2.5미터 먹이: 작은 동물

브라질의 국립 박물관에 전시된 누라키우스 화석
ⓒ Dornicke

닉토사우루스 *Nyctosaurus*

프테로닥틸루스형류 모노페네스트라타류 프테로닥틸루스상과 프테라노돈상과 닉토사우루스과

주둥이가 길쭉하며 뾰족하다. 머리 위에는 가늘고 몸통보다 긴 Y자 모양의 볏이 솟아 있다. 한때 과학자들은 이 볏에 피부막이 덮여 있었고, 몸의 균형을 잡을 때 사용했을 것이라고 생각했다. 볏에 피부막이 덮여 있으려면 피부막이 붙을 수 있는 울퉁불퉁한 표면이 있어야 한다. 하지만 닉토사우루스의 볏은 매끈하다. 그래서 지금은 볏에 피부막이 없었다고 여긴다. 어릴 때는 볏이 없었으며, 새끼가 어른이 되기까지는 1년도 채 걸리지 않았다. 이 볏은 아마도 이성을 유혹하는 데 쓰였을 것이다.

닉토사우루스는 땅 위를 걸을 때 사용하는 앞발가락이 전부 퇴화했다. 아마도 둥지 만들 때를 빼면 계속 하늘에 떠 있었기 때문일 것이다. 또한 날갯짓을 거의 하지 않고도 바람을 타고 하늘을 날 수 있었을 것이라 여겨진다. 닉토사우루스의 몸무게와 날개 넓이를 이용해 비행 속도를 계산한 연구 결과에 따르면 이들은 1초에 9미터 정도를 날아갈 수 있다.

닉토사우루스는 얕고 따뜻한 바다 위를 떠다니며 물고기와 연체동물을 잡아먹었다. 닉토사우루스를 처음 연구한 과학자는 이들의 날개가 박쥐처럼 피부막으로 이루어져 있다는 점에 주목해 그리스어로 '박쥐 도마뱀'이란 이름을 붙여 줬다. 하지만 다른 익룡도 모두 똑같이 피부막으로 이루어진 날개를 가지고 있다.

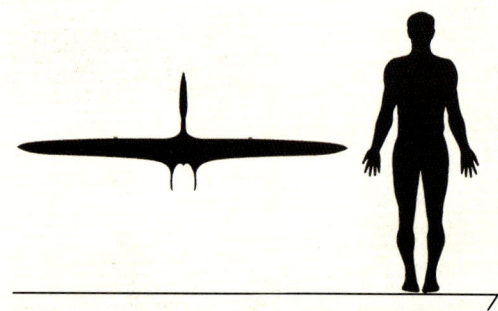

이름 뜻: 박쥐 도마뱀
시대: 8500만 년 전~6600만 년 전(백악기 후기)
분포: 미국, 브라질 날개폭: 2미터 먹이: 물고기, 연체동물

다윈놉테루스 *Darwinopterus*

프테로닥틸루스형류   모노페네스트라타류   우콩곱테루스과

주둥이가 길쭉하며 콧등을 이루는 뼈가 매우 얇다. 주둥이 맨 앞쪽에 있는 이빨이 가장 크며, 뒤쪽으로 갈수록 이빨 크기가 작아진다. 이빨과 이빨 사이가 넓은 편이다. 다윈놉테루스는 이빨 모양에 따라 두 종류로 구분할 수 있다. 한 종류는 가는 가시 모양의 이빨을 가졌으며, 다른 종류는 고깔 모양의 튼튼한 이빨을 가졌다. 이빨 모양이 달랐던 건 먹이가 서로 달랐기 때문일 것이다. 과학자들은 고깔 모양 이빨을 가진 종류가 가시 모양 이빨을 가진 종류보다 더 단단한 껍데기를 가진 곤충을 잡아먹었을 것으로 보고 있다.

콧등에서 정수리까지 얇은 뼈와 각질로 이루어진 볏이 하나 솟아 있다. 이 볏은 이성을 유혹하는 데 쓰였을 것이다. 사람마다 얼굴이 다르듯이 다윈놉테루스들도 서로 볏의 모양과 크기가 조금씩 달랐다. 이들은 주로 나무와 나무 사이를 오가며 살았을 것이다.

다윈놉테루스의 머리뼈에는 눈구멍과 콧구멍 사이에 난 구멍인 눈앞구멍과 콧구멍이 합쳐져 만들어진 큰 구멍이 있다. 이 구조는 진화된 익룡의 특징이다. 하지만 이들에게는 긴 꼬리도 있다. 긴 꼬리는 원시적인 익룡의 특징이다. 그래서 과학자들은 다윈놉테루스가 진화된 익룡과 원시적인 익룡의 중간 단계였을 것으로 보고 있다. 다윈놉테루스라는 이름은 『종의 기원』을 쓴 찰스 다윈을 기리기 위해 그의 이름을 따서 '다윈의 날개'라는 뜻으로 지은 것이다.

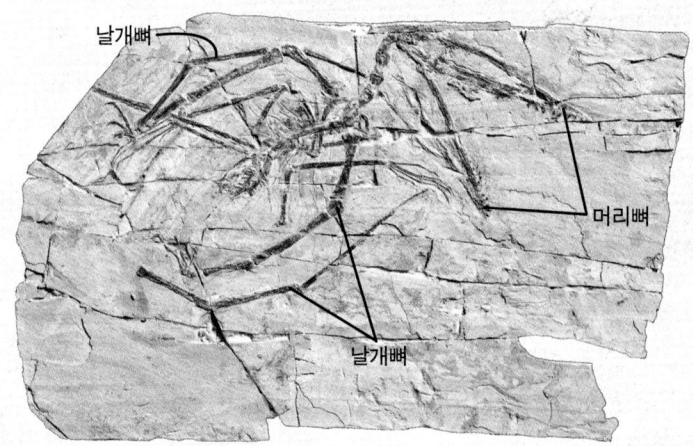

중국의 고척추동물 및 고인류 연구소에 있는 다윈놉테루스 화석
ⓒ Didier Descouens

이름 뜻: 다윈의 날개
시대: 1억 6700만 년 전~1억 5000만 년 전(쥐라기 중기)
분포: 중국 날개폭: 90센티미터 먹이: 곤충

덴드로린코이데스 *Dendrorhynchoides*

프테로닥틸루스형류   모노페네스트라타류   아누로그나투스과

짧고 둥근 주둥이를 가졌다. 이빨 모양에 따라 두 종류로 구분할 수 있다. 한 종류는 뒤로 휘어진 짧은 이빨을 가졌으며, 다른 종류는 뒤로 휘어진 기다란 앞니와 고깔 모양의 짧은 어금니를 가졌다. 이빨 모양이 달랐던 것은 서로 다른 종류의 곤충을 먹었기 때문이다. 하지만 정확히 어떤 곤충을 먹었는지는 알려지지 않았다.

눈이 큰 편이어서 시각을 이용해 먹잇감을 찾았을 것이다. 앞발톱과 뒷발톱은 짧고 날카로워 나무에 매달리기 적합했다. 꼬리는 매우 짧다. 나무 주둥이처럼 생겼다는 뜻의 이름을 가지게 된 것은 덴드로린코이데스가 나무 위에서 살았을 것으로 추정되기 때문이다. 주둥이가 나무처럼 생겨서 그런 것이 아니다.

덴드로린코이데스의 화석은 1995년에 도굴꾼들에 의해 처음 발견됐다. 도굴꾼들은 화석을 멋있게 만들어서 비싼 가격에 팔고 싶었다. 그래서 드로린코이데스 화석에 공룡의 꼬리를 붙여서 팔았다. 화석을 불법으로 구입한 과학자는 이 사실을 모른 채 덴드로린코이데스가 꼬리가 긴 또 다른 익룡인 람포린쿠스와 비슷하다고 생각했다. 이에 람포린쿠스와 비슷한 '덴드로린쿠스'라는 이름을 지어 줬다. 하지만 덴드로린쿠스는 이미 기생충에게 붙여진 이름이어서 사용할 수 없었다. 결국 이름을 약간 바꿔서 덴드로린코이데스로 다시 지어 줬다.

그로부터 5년 후에 덴드로린코이데스의 긴 꼬리가 조작됐다는 사실이 밝혀졌다. 덴드로린코이데스를 연구한 과학자는 크게 망신을 당했다. 이처럼 돈 주고 사는 화석은 조작된 것들이 많다. 그래서 과학자들은 화석을 사지 않고 직접 발굴하거나 기증받아 연구한다.

이름 뜻: 나무 주둥이처럼 생긴
시대: 1억 6700만 년 전 (쥐라기 중기)
분포: 중국　날개폭: 40센티미터　먹이: 곤충

도리그나투스 *Dorygnathus*

람포린쿠스과

주둥이와 목이 짧다. 주둥이 안에는 40개 정도의 뾰족한 이빨이 솟아 있다. 앞니가 너무 길어서 주둥이를 다물어도 입 밖으로 튀어나온다. 아래턱이 작살처럼 뾰족해서 그리스어로 '작살 턱'이란 뜻의 이름이 붙여졌다. 도리그나투스는 튼튼하고 뾰족한 아래턱과 이빨을 이용해 물 위로 낮게 날면서 작은 물고기나 오징어 등을 낚아챘을 것이다. 앞발톱과 뒷발톱은 별로 날카롭지 않아 절벽이나 나무를 기어오르기에는 적합하지 않았다. 아마도 바닷가에서 돌 위에 앉아 휴식을 취했을 것이다. 꼬리는 길고 뻣뻣해서 하늘을 날 때 몸의 방향을 바꾸는 역할을 했을 것이다. 가까운 친척인 람포린쿠스와 마찬가지로 꼬리 끝에 연부 조직으로 이루어진 장식이 있었을 수도 있다. 람포린쿠스와 비슷하게 생겼지만 람포린쿠스보다 약 3000만 년 앞서 살았던 조상이다.

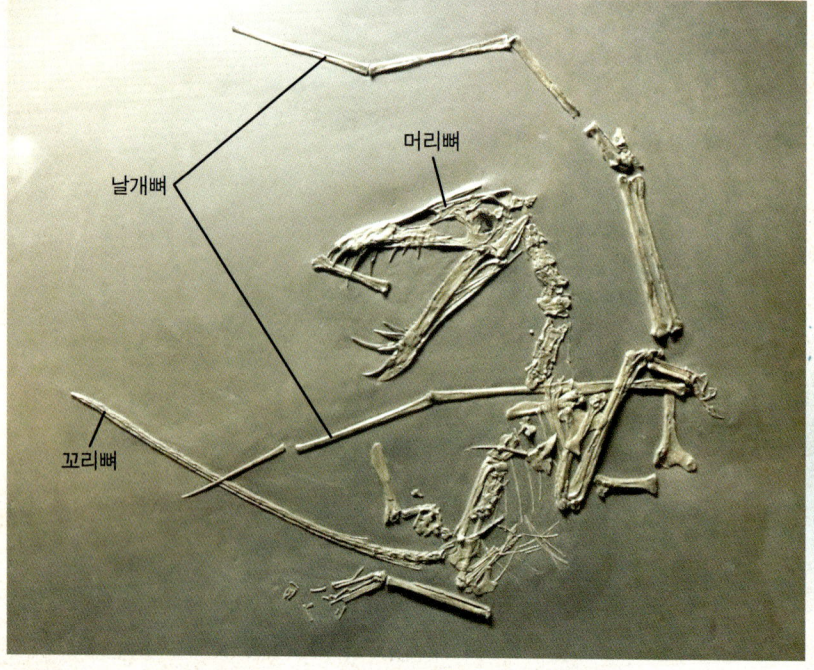

스웨덴의 예테보리 자연사 박물관에 전시된 도리그나투스 화석
ⓒ Gunnar Creutz

이름 뜻: 작살 턱
시대: 1억 8300만 년 전~1억 8200만 년 전(쥐라기 전기)
분포: 프랑스, 독일 날개폭: 1.5미터 먹이: 작은 물고기나 연체동물

도메이코닥틸루스 *Domeykodactylus*

프테로닥틸루스형류   모노페네스트라타류   프테로닥틸루스상과   아즈다르코상과   드숭가립테루스과

아래턱뼈와 콧등뼈 일부분만 발견되어 전체적인 모습은 베일에 싸여 있다. 턱뼈의 일부분이 자라나 이빨 아래쪽을 덮고 있다. 이것은 단단한 껍데기를 가진 갑각류나 연체동물을 턱으로 깨서 먹었던 드숭가립테루스와 비슷하다. 그래서 과학자들은 도메이코닥틸루스도 드숭가립테루스처럼 단단한 껍데기를 가진 동물을 잡아먹었을 것으로 추정한다. 콧등에는 얇은 뼈로 된 볏이 하나 솟아 있다. 이 볏은 이성을 유혹하는 데 쓰였을 것이다.

과학자들이 추정한 도메이코닥틸루스의 머리 길이는 약 30센티미터다. 도메이코닥틸루스의 콧등뼈를 처음 발견한 과학자는 화석의 상태가 워낙 좋지 않은 탓에 그것이 긴 이빨을 이용해 매우 작은 갑각류를 물에서 걸러 먹는 익룡인 프테로다우스트로의 아래턱인 줄 알았다고 한다. 도메이코닥틸루스는 남아메리카 대륙에서 처음으로 발견된 드숭가립테루스과의 익룡이다. 드숭가립테루스과 익룡의 화석은 주로 아시아에서 발견된다. 이름의 '도메이코'는 도메이코닥틸루스의 발견지인 도메이코산맥에서 따온 것이다.

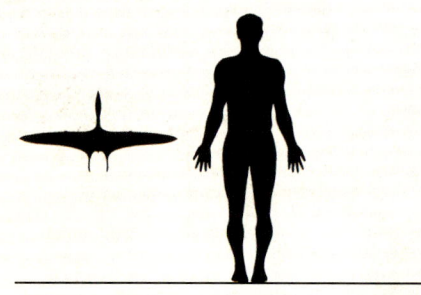

이름 뜻: 도메이코의 손가락
시대: 1억 4500만 년 전~9900만 년 전(백악기)
분포: 칠레   날개폭: 1미터로 추정   먹이: 갑각류, 연체동물

드숭가립테루스 *Dsungaripterus*

프테로닥틸루스형류   모노페네스트라타류   프테로닥틸루스상과   아즈다르코상과   드숭가립테루스과

머리 길이가 50센티미터 정도다. 주둥이는 뾰족하고 위로 휘어졌다. 앞니는 없지만 짧고 굵은 고깔 모양의 어금니를 가지고 있다. 턱뼈의 일부분이 자라나 어금니 아래쪽을 덮고 있다. 덕분에 드숭가립테루스의 이빨은 턱에 단단히 붙어 잘 부러지지 않았을 것이다. 드숭가립테루스는 뾰족한 주둥이를 이용해 진흙이나 모래 속에서 갑각류나 연체동물을 파낸 뒤 튼튼한 어금니로 단단한 껍데기를 깨 먹었을 것이다.

콧등에는 얇은 뼈로 된 볏이 하나 솟아 있다. 이것을 이용해 이성을 유혹했을 것이다. 날개는 짧은 편이어서 오리처럼 날갯짓을 많이 하며 날았을 것으로 추정된다. 다리는 다른 익룡들에 비해 긴 편이다. 게다가 뒷다리뼈와 골반이 만나는 부위가 튼튼해서 과학자들은 드숭가립테루스가 땅 위를 잘 걸어 다녔을 것으로 보고 있다. 뼈대가 다른 익룡들보다 굵고 튼튼해서 힘도 굉장히 셌을 것이다. 이들은 주로 물가에서 살았다. 최초로 보고된 드숭가립테루스 화석은 중국의 중가리아분지에서 발견됐다. 이 익룡의 이름은 발견된 장소의 이름에서 따왔다.

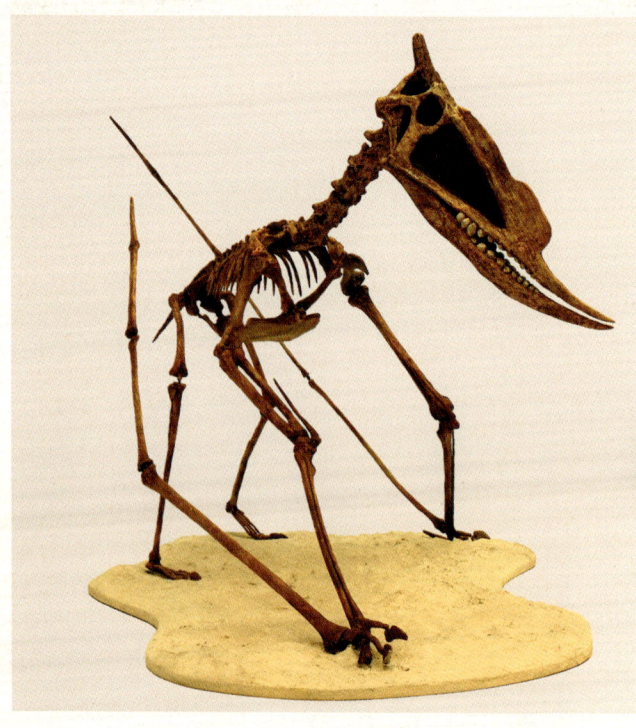

중국의 쯔궁 공룡 박물관에 전시된
드숭가립테루스 화석 ⓒ H. Zell

이름 뜻: 중가리아분지의 날개
시대: 1억 2200만 년 전~9900만 년 전(백악기)
분포: 중국, 몽골 날개폭: 3미터 먹이: 갑각류, 연체동물

디모르포돈 *Dimorphodon*

디모르포돈류

머리 길이는 약 20센티미터로, 머리가 몸에 비해 큰 편이다. 대부분의 익룡과 달리 위턱이 매우 두껍다. 디모르포돈은 길쭉한 이빨과 짧은 이빨을 둘 다 가지고 있다. 그리스어로 '두 가지 모양의 이빨'이란 뜻의 이름은 이런 이유로 붙여졌다. 위턱에는 최대 10개의 길쭉한 이빨과 약 20개의 짧은 이빨이 나 있다. 아래턱에는 10개의 길쭉한 이빨과 최대 40개나 되는 짧은 이빨이 있다.

몸이 크고 뒷다리가 길지만 날개가 짧고 빈약해서 하늘을 아주 잘 날지는 못했을 것이다. 날아가는 곤충을 뒤쫓거나 육식 공룡에게 쫓길 때처럼 꼭 필요한 순간에만 하늘을 날았을 것으로 추정된다. 과학자들은 디모르포돈이 오늘날의 딱따구리처럼 날갯짓과 날개를 움직이지 않고 바람을 타는 활공을 번갈아 하면서 하늘을 날았을 것으로 보고 있다. 길고 뻣뻣한 꼬리는 하늘을 날 때 몸의 방향을 바꾸는 역할을 했다. 앞발톱은 크고 날카로워서 디모포르돈은 이 발톱을 이용해 마치 오늘날의 날다람쥐처럼 나무 위로 기어오를 수 있었을 것이다. 나무 위에서 이들은 곤충이나 작은 도마뱀 등을 잡아먹고 살았다.

미국의 레인보우포레스트 박물관에 전시된 디모르포돈 화석
ⓒ Frank Kovalchek

이름 뜻: 두 가지 모양의 이빨
시대: 2억 100만 년 전~1억 8300만 년 전 (쥐라기 전기)
분포: 멕시코, 영국 날개폭: 1.5미터 먹이: 곤충, 작은 도마뱀

라디오닥틸루스 *Radiodactylus*

프테로닥틸루스형류　모노페네스트라타류　프테로닥틸루스상과　아즈다르코상과

왼쪽 위앞다리뼈만 발견됐다. 이 뼈의 길이는 약 20센티미터다. 위앞다리뼈 위쪽에는 커다란 근육이 붙어 있던 직사각형의 돌기가 길게 솟아 있다. 아즈다르코과의 익룡들도 비슷한 돌기를 가지고 있다. 그래서 과학자들은 라디오닥틸루스가 이들과 비슷하게 생겼을 것으로 보고 있다. 위앞다리뼈의 아래쪽 단면은 네모난데, 이것은 아즈다르코상과 익룡 중에서 라디오닥틸루스만의 특징이다. 라디오닥틸루스의 화석은 1991년에 처음 발견됐다. 하지만 2013년이 되어서야 이 익룡이 새로운 종류임이 밝혀졌다. 핵발전소의 배수로 공사 중에 화석이 발견되어 '방사능 손가락'이란 뜻의 이름을 가지게 되었다.

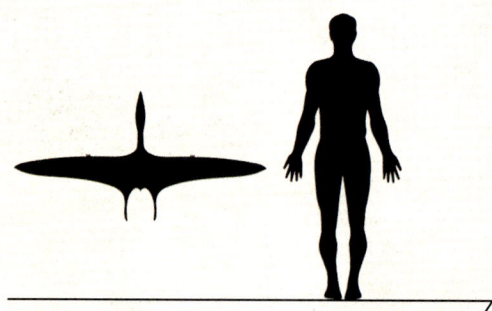

이름 뜻: 방사능 손가락
시대: 1억 2200만 년 전~1억 900만 년 전(백악기 전기)
분포: 미국　날개폭: 1.5미터　먹이: 작은 동물로 추정

라쿠소바구스 *Lacusovagus*

프테로닥틸루스형류 모노페네스트라타류 프테로닥틸루스상과 아즈다르코상과 카오이앙곱테루스과

위턱의 앞부분만 발견됐다. 주둥이는 가늘고 뾰족하며 이빨은 없다. 콧등에 볏이 없다는 점 때문에 같은 시기에 같은 지역에서 함께 살았던 투판닥틸루스와 구분된다. 다른 카오이앙곱테루스과 익룡과 비슷하게 생겼을 것으로 추정된다. 카오이앙곱테루스과에 속하는 익룡들은 짧지만 강한 날개를 가지고 있어서 힘차게 날갯짓을 할 수 있었다. 라쿠소바구스 또한 마찬가지였을 것이다. 라쿠소바구스를 연구한 과학자는 이 익룡이 호숫가를 걸어 다니며 작은 동물들을 잡아먹었을 것으로 추정했다. '호수의 방랑자'라는 뜻의 이름은 이러한 추측 때문에 붙여졌다.

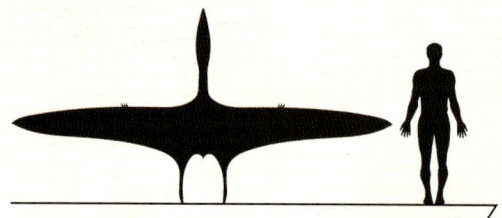

이름 뜻: 호수의 방랑자
시대: 1억 2200만 년 전~1억 1200만 년 전(백악기 전기)
분포: 브라질 날개폭: 4미터 먹이: 작은 동물

람포린쿠스
Rhamphorhynchus

람포린쿠스과

주둥이가 길고 가늘며 뾰족하다. 아래턱 앞쪽이 마치 갈고리처럼 살짝 휘어졌다. 나이가 많은 개체일수록 아래턱 앞쪽이 두껍다. 주둥이 앞쪽에는 이빨이 없어서 이 부분만 보면 마치 새의 부리 같다. 그래서 그리스어로 '부리 주둥이'라는 뜻의 이름을 얻게 되었다. 주둥이 뒤쪽으로는 바늘같이 길고 뾰족한 이빨들이 솟아 있다. 위턱에는 20개, 아래턱에는 14개의 이빨이 나 있다.
날개는 얇고 길며 가슴 근육도 작았다. 따라서 과학자들은 람포린쿠스가 날갯짓을 하기보다는 바람을 타고 하늘을 많이 날았을 것으로 여긴다. 꼬리뼈들은 앞뒤로 길쭉해서 서로 포개졌다. 꼬리뼈들이 포개지다 보니 이들의 꼬리는 길고 뻣뻣했다. 람포린쿠스는 하늘을 날 때 마치 날다람쥐처럼 꼬리를 이용해 몸의 방향을 바꾸었을 것이다. 꼬리 끝에는 연부 조직으로 이루어진 장식이 있다. 머리에 볏이 없었던 람포린쿠스는 꼬리 장식을 이용해 이성을 유혹했을 수도 있다. 새끼가 어른이 되기까지 걸린 시간은 약 3년이다. 람포린쿠스의 똥 화석 속에는 물고기와 오징어의 찌꺼기들이 가득하다. 그래서 과학자들은 람포린쿠스가 드넓은 바다 위를 날다가 바다로 잠수해 물고기나 오징어 등을 낚아챘을 것으로 본다. 하지만 람포린쿠스는 몸집이 큰 물고기의 먹잇감이기도 했다. 몸길이가 60센티미터 정도 되는 원시 물고기인 아스피도린쿠스와 람포린쿠스가 서로 뒤엉켜 있는 화석이 2009년에 발견된 적이 있다. 과학자들은 아스피도린쿠스가 람포린쿠스를 공격했다가 주둥이가 익룡 날개에 박히는 바람에 두 동물이 함께 죽었을 것으로 추정하고 있다.

이름 뜻: 부리 주둥이
시대: 1억 5500만 년 전~1억 4500만 년 전(쥐라기 후기)
분포: 독일, 포르투갈, 스페인, 영국 날개폭: 1.8미터
먹이: 물고기, 연체동물

롱코드라코 *Lonchodraco*

프테로닥틸루스형류 모노페네스트라타류 프테로닥틸루스상과 프테라노돈상과

1846년에 처음 발견됐다. 하지만 롱코드라코의 화석을 처음 연구한 과학자는 이 익룡이 그저 거대한 프테로닥틸루스인 줄 알았다. 새로운 익룡으로 인정받아 이름을 얻게 된 것은 2013년으로 무려 167년 만의 일이다. 지금까지 턱뼈와 날개뼈 조각들만 발견되어 전체 모습은 수수께끼다. 주둥이는 뾰족하고, 얇은 뼈로 된 볏이 위아래로 솟아 있다. 대부분의 익룡과 마찬가지로 이 볏을 이용해 이성을 유혹했을 것이다. 이빨은 작고 뾰족하다. 얇은 피부막으로 된 날개는 상상 속 동물인 용과 비슷하고, 주둥이가 뾰족한 창살처럼 생겼기 때문에 그리스어로 '창 용'이란 뜻의 이름을 얻게 되었다. 바닷가를 날아다니며 작은 동물들을 잡아먹었을 것이다.

롱코드라코의 뾰족한 주둥이 끝부분 ⓒ Taissa Rodrigues and Alexander Wilhelm Armin Kellner

주둥이 끝

이름 뜻: 창 용
시대: 9900만 년 전~8900만 년 전(백악기 후기)
분포: 영국 날개폭: 3미터로 추정 먹이: 작은 동물

루도닥틸루스 *Ludodactylus*

프테로닥틸루스형류   모노페네스트라타류   프테로닥틸루스상과   프테라노돈상과

지금까지 머리뼈 하나만 발견됐다. 길쭉한 주둥이 안에는 뾰족한 이빨들이 위턱에 46개, 아래턱에 34개가 솟아 있다. 앞니는 길쭉하고 아래턱보다 위턱에 더 촘촘히 나 있다. 반면에 어금니는 삼각형 모양이고 짧다. 뒤통수에는 길고 얇은 볏이 뒤쪽으로 낮게 뻗어 있다. 아마도 이성을 유혹하는 데 쓰였을 것이다.

머리뼈가 발견될 때 아래턱에는 커다란 나뭇잎 화석이 박혀 있었다. 과학자들은 루도닥틸루스가 물 위에 떠 있던 나뭇잎을 물고기로 착각해 낚아챈 것으로 추정했다. 이 나뭇잎은 크고 끝이 날카로워서 루도닥틸루스의 아래턱을 뚫어 버렸을 것이다. 결국 루도닥틸루스는 주둥이에 낀 나뭇잎 때문에 먹이를 먹지 못해 굶어 죽었을 것으로 여겨진다.

과학자들이 이 익룡의 화석을 찾은 곳은 바로 불법 화석 시장이었다. 다행히 루도닥틸루스의 화석이 팔려 나가기 전에 되찾아 올 수 있었다. 생김새가 마치 이빨이 달린 프테라노돈 장난감 같다고 해 라틴어로 '장난감 손가락'이란 뜻의 이름을 얻게 되었다.

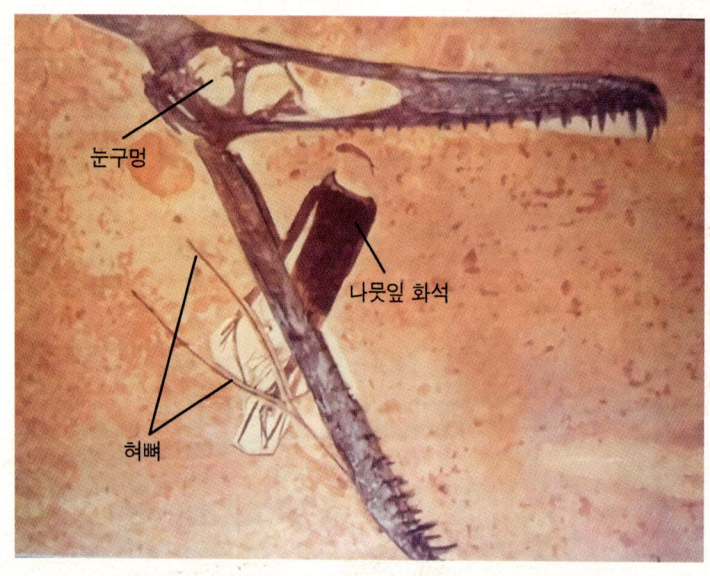

독일의 카를스루에 주립 자연사 박물관에 보관 중인 루도닥틸루스 머리뼈 화석. 아래턱에 나뭇잎이 박혀 있다. ⓒ Joerim

이름 뜻: 장난감 손가락
시대: 1억 2200만 년 전~1억 1100만 년 전(백악기 전기)
분포: 브라질 날개폭: 4미터로 추정 먹이: 물고기

리아오닝곱테루스 *Liaoningopterus*

프테로닥틸루스형류 모노페네스트라타류 프테로닥틸루스상과 프테라노돈상과 안항구에라과

머리 길이가 61센티미터다. 다른 익룡들보다 이빨이 큰 편이다. 이빨 중 가장 긴 것은 길이가 8센티미터나 된다. 주둥이 앞쪽에서 뒤쪽으로 갈수록 이빨이 짧아진다. 위턱에는 40개, 아래턱에는 24개의 이빨이 나 있다. 이빨은 주둥이 가운데까지만 솟아 있다. 주둥이 끝부분에는 낮고 둥근 볏이 위아래로 솟아 있다. 몸을 이루는 나머지 뼈들은 거의 발견되지 않았다. 하지만 가까운 친척인 안항구에라와 비슷하게 생겼을 것이다. 리아오닝곱테루스는 호수 위를 날아다니며 물고기를 낚아챘다. 리아오닝곱테루스라는 이름은 이 익룡의 화석이 유일하게 발견된 중국의 랴오닝성에서 따왔다.

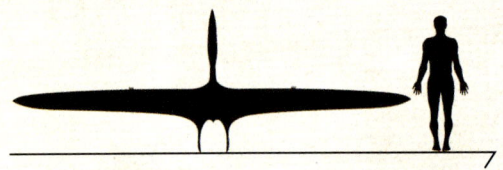

이름 뜻: 랴오닝의 손가락
시대: 1억 2500만 년 전~1억 1200만 년 전(백악기 전기)
분포: 중국 날개폭: 5미터로 추정 먹이: 물고기

리아오십테루스 *Liaoxipterus*

프테로닥틸루스형류   모노페네스트라타류   프테로닥틸루스상과   프테라노돈상과   이스티오닥틸루스과

아래턱뼈 조각만 발견됐다. 아래턱 길이는 20센티미터 정도다. 납작한 주둥이 끝에는 고깔 모양의 아랫니가 22개 나 있다. 이빨 중 가장 긴 것이 1센티미터가 채 안 된다. 이빨이 짧고 개수가 적은 것이 리아오십테루스의 가장 큰 특징이다.

리아오십테루스가 속한 이스티오닥틸루스과 익룡은 대체로 이빨이 작고 무는 힘이 강했다. 그래서 몇몇 과학자들은 리아오십테루스를 포함한 이스티오닥틸루스과 익룡들이 주로 동물 사체를 먹었을 것으로 추정한다. 이것이 사실이라면 리아오십테루스는 오늘날의 대머리수리와 비슷하게 살았을 것이다. 리아오십테루스는 중국 랴오닝성에 위치한 랴오시에서 발견됐다. 리아오십테루스라는 이름은 이곳의 이름에서 따온 것이다.

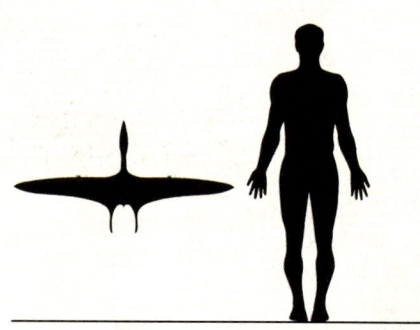

이름 뜻: 랴오시의 날개
시대: 1억 2500만 년 전~1억 1200만 년 전(백악기 전기)
분포: 중국 날개폭: 1.2미터로 추정 먹이: 동물 사체

메사닥틸루스 *Mesadactylus*

프테로닥틸루스형류 모노페네스트라타류 아누로그나투스과

머리뼈 일부와 척추뼈, 어깨뼈 그리고 앞다리뼈와 뒷다리뼈 일부가 발견됐다. 이 뼈들은 모두 '메사'라고 불리는 언덕에서 발견됐다. 메사란 꼭대기는 평평하고 등성이는 가파른 언덕을 말한다. 메사닥틸루스라는 이름은 여기서 따온 것이다. 메사닥틸루스는 다른 아누로그나투스과 익룡과 비슷하게 생겼을 것이다. 그리고 마찬가지로 주로 곤충을 잡아먹고 살았을 것이다.

골반을 지탱하는 척추뼈가 오늘날 새들처럼 서로 붙어 있어서 이 익룡을 처음 발견한 과학자는 메사닥틸루스가 새인 줄 알았다. 메사닥틸루스는 거대한 아파토사우루스, 스테고사우루스 그리고 알로사우루스와 같은 시기에 같은 지역에서 살았다. 어쩌면 이 공룡들 주위에 모여드는 작은 곤충들을 잡아먹었는지도 모른다.

이름 뜻: 메사의 손가락
시대: 1억 5500만 년 전~1억 4500만 년 전(쥐라기 후기)
분포: 미국 날개폭: 70센티미터로 추정 먹이: 곤충

모가놉테루스 *Moganopterus*

프테로닥틸루스형류   모노페네스트라타류   프테로닥틸루스상과   아르카이옵테로닥틸루스상과   크테노카스마과

지금까지 머리뼈와 목뼈 일부만 발견됐다. 머리 길이는 95센티미터로, 이빨이 있는 익룡 중에서는 머리가 가장 크다. 주둥이도 매우 길쭉해서 과학자들은 모가놉테루스의 위턱과 아래턱이 마치 중국 신화에 등장하는 두 개의 검처럼 생겼다고 생각했다. 그래서 '두 개의 검 날개'라는 뜻의 모가놉테루스라는 이름을 지어 줬다.

이빨은 가늘고 길며 뾰족하다. 개수는 62개이고, 주둥이 앞쪽에 몰려 있다. 이빨이 1000개 정도 있는 다른 크테노카스마과 익룡과 비교하면 이빨 수가 매우 적다. 위쪽 주둥이 끝에는 낮은 볏이 하나 솟아 있다. 뒤통수에도 기다란 칼날 같은 볏이 하나 솟아 있다. 목은 다른 익룡보다 길었지만 목뼈가 길어서 뻣뻣했다. 모가놉테루스는 아마도 물가에 서서 얕은 물에 있는 물고기들을 잡아먹었을 것이다.

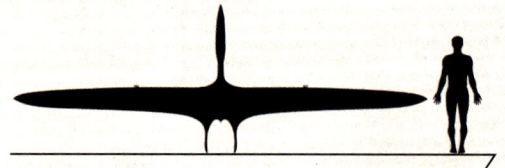

이름 뜻: 두 개의 검 날개
시대: 1억 3000만 년 전~1억 1200만 년 전(백악기 전기)
분포: 중국 날개폭: 6미터로 추정 먹이: 물고기

몬타나즈다르코 *Montanazhdarcho*

프테로닥틸루스형류   모노페네스트라타류   프테로닥틸루스상과   아즈다르코상과

지금까지 아래턱뼈와 목뼈 그리고 날개뼈 일부가 발견됐다. 앞발바닥뼈와 아래앞다리뼈의 길이가 거의 같은 것이 특징이다. 기다란 네 다리로 성큼성큼 걸을 수 있었다. 주둥이가 길고 뾰족하며 이빨은 없다. 작은 동물을 주둥이로 집어 통째로 삼켰을 것이다.

몬타나즈다르코를 처음 연구한 과학자들은 이 익룡이 거대한 익룡인 케찰코아틀루스와 비슷하게 생겼다고 생각했다. 하지만 몬타나즈다르코가 케찰코아틀루스보다 훨씬 몸집이 작아서 몬타나즈다르코가 혹시 새끼 익룡은 아닐까 의심했다. 이것을 확인하기 위해 과학자들은 몬타나즈다르코의 날개뼈를 얇게 썰어 봤다. 그 결과 몬타나즈다르코의 뼈는 속이 차 있는 어른 뼈였다. 그래서 몬타나즈다르코가 원래 작은 익룡임을 알 수 있었다.

몬타나즈다르코는 미국의 몬태나주에서 발견됐다. 몬타나즈다르코라는 이름은 고대 페르시아의 전설 속에 등장하는 용인 '아즈다하'와 몬태나주의 이름을 합쳐 만든 것이다. 몬타나즈다르코는 강 주변을 돌아다니며 살았다.

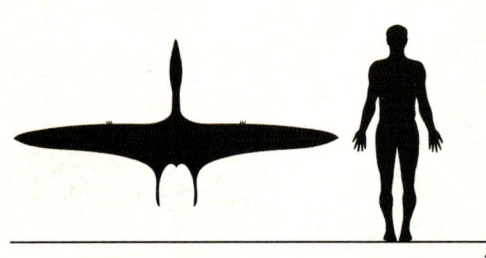

이름 뜻: 몬태나의 아즈다하
시대: 8400만 년 전~7000만 년 전(백악기 후기)
분포: 미국   날개폭: 2.5미터로 추정   먹이: 작은 동물

무즈쿠이좁테릭스 *Muzquizopteryx*

프테로닥틸루스형류　모노페네스트라타류　프테로닥틸루스상과　프테라노돈상과　닉토사우루스과

한 마리의 뼈대가 거의 온전하게 발견됐다. 하지만 주둥이 끝과 날개 끝 부분은 발견되지 않았다. 콧등이 아래를 향해 휘어졌고, 이빨은 없다. 닉토사우루스의 가까운 친척이다. 닉토사우루스와 마찬가지로 걸을 때 사용하는 앞발가락이 전부 퇴화했다. 그래서 과학자들은 무즈쿠이좁테릭스가 닉토사우루스처럼 대부분의 시간을 하늘에서 보냈을 것으로 추정한다. 하지만 둘은 확실히 다른 종류다. 길쭉한 볏을 가진 닉토사우루스와 달리 무즈쿠이좁테릭스는 볏이 매우 짧다. 또한 닉토사우루스 머리뼈에 난 눈구멍은 삼각형인 반면에 무즈쿠이좁테릭스의 눈구멍은 네모났다. 그리고 무즈쿠이좁테릭스의 화석에서는 날개 근육과 어깨뼈를 이어 주는 힘줄의 흔적도 발견됐다. 무즈쿠이좁테릭스는 멕시코의 무스키스 마을에서 발견되어 그리스어로 '무스키스 날개'라는 이름을 얻게 되었다.

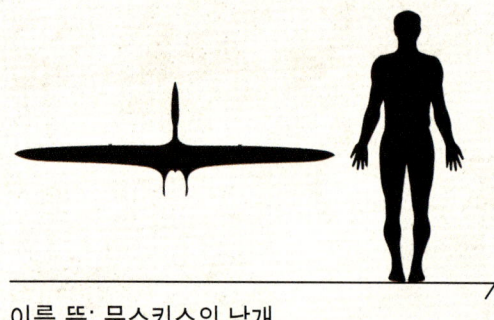

이름 뜻: 무스키스의 날개
시대: 9400만 년 전~8500만 년 전(백악기 후기)
분포: 멕시코　날개폭: 2미터　먹이: 물고기, 연체동물

미크로투반 *Microtuban*

프테로닥틸루스형류　모노페네스트라타류　프테로닥틸루스상과　아즈다르코상과

목뼈 일부와 오른쪽 날개뼈만 발견됐다. 미크로투반은 날개뼈가 다른 익룡과 조금 다르다. 익룡의 날개를 이루는 네 번째 앞발가락은 네 개의 마디로 이루어져 있는데, 네 번째 마디가 제일 짧다. 대부분의 익룡은 네 번째 마디가 네 번째 앞발가락 전체 길이의 5분의 1 정도 된다. 하지만 미크로투반 네 번째 앞발가락의 네 번째 마디는 네 번째 앞발가락 길이의 100분의 1밖에 안 된다. 게다가 끝부분이 갈고리처럼 휘어져 있다. 이런 특이한 날개는 익룡 중에서 미크로투반이 유일하다. 머리뼈가 발견된 적이 없기 때문에 무엇을 먹었는지는 알 수 없으나, 아마도 다른 아즈다르코상과 익룡처럼 땅 위를 돌아다니는 작은 동물들을 잡아먹었을 것이다.

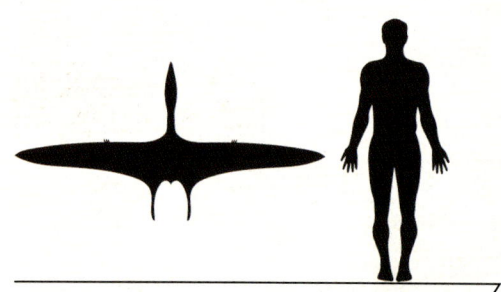

이름 뜻: 작은 용
시대: 9900만 년 전~9400만 년 전(백악기 후기)
분포: 레바논　날개폭: 2미터로 추정　먹이: 작은 동물로 추정

바르보사니아 *Barbosania*

프테로닥틸루스형류　모노페네스트라타류　프테로닥틸루스상과　프테라노돈상과　오르니토케이루스과

머리 길이가 40센티미터 정도다. 주둥이는 길쭉하고 살짝 위로 휘어져 있다. 주둥이 안에는 고깔 모양의 이빨들이 위턱에 48개, 아래턱에는 40개가 나 있다. 앞니가 가장 길며 주둥이 뒤쪽으로 갈수록 이빨이 짧아진다. 가까운 친척인 오르니토케이루스와 달리 위쪽 주둥이에는 볏이 없고, 아래쪽 주둥이에만 매우 낮은 볏이 하나 있다. 날개가 길어서 날갯짓을 거의 하지 않고 바람을 타며 하늘을 날아다녔을 것이다. 몸통은 머리보다 작다. 바르보사니아는 바다 근처에서 살았다. 바르보사니아라는 이름은 이 익룡의 유일한 화석을 채집한 수집가 미겔 바르보자의 이름에서 따온 것이다.

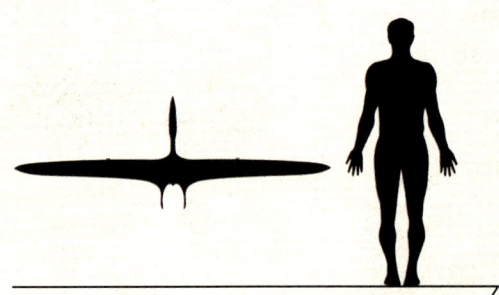

이름 뜻: 바르보자
시대: 1억 1200만 년 전~1억 900만 년 전(백악기 전기)
분포: 브라질　날개폭: 2미터　먹이: 물고기

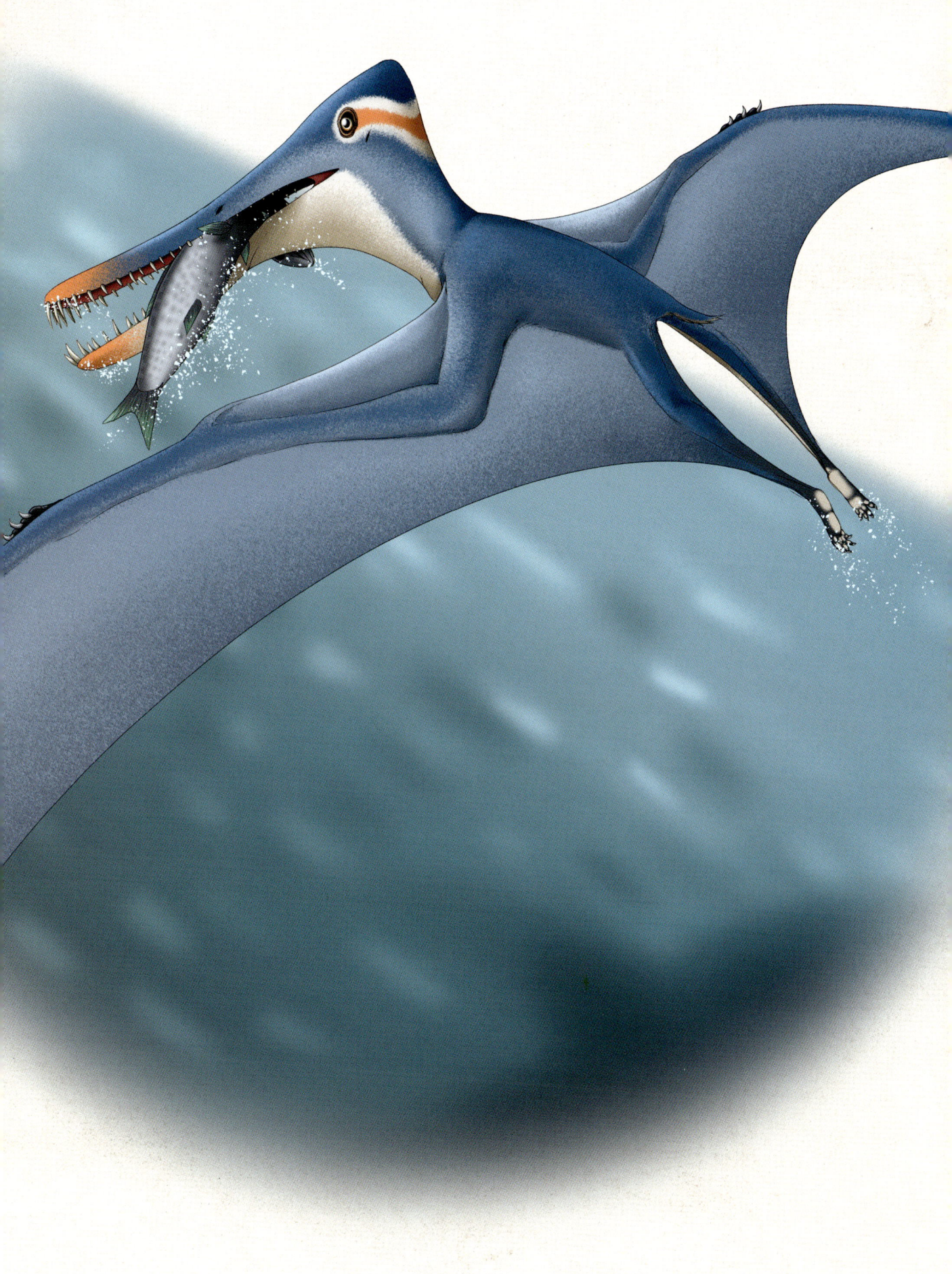

바트라코그나투스 *Batrachognathus*

프테로닥틸루스형류 모노페네스트라타류 아누로그나투스과

머리 길이가 약 5센티미터다. 주둥이는 개구리처럼 짧고 둥글다. 그래서 그리스어로 '개구리 턱'이란 뜻의 이름을 얻게 되었다. 주둥이 안에는 고깔 모양의 작은 이빨이 가득하다. 다른 아누로그나투스과 익룡처럼 빠르게 날아다니며 곤충을 사냥했을 것이다. 바트라코그나투스를 처음 연구한 과학자는 이 익룡이 람포린쿠스과에 속하는 줄 알았다. 람포린쿠스와 마찬가지로 목이 짧고 다섯 번째 뒷발가락을 가졌기 때문이다. 하지만 이런 특징이 다른 원시 익룡들에게서도 확인되면서 그 생각은 틀렸음이 밝혀졌다. 바트라코그나투스는 호수 주변에서 살았다.

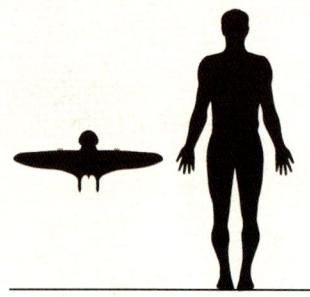

이름 뜻: 개구리 턱
시대: 1억 6100만 년 전~1억 5000만 년 전(쥐라기 후기)
분포: 카자흐스탄 날개폭: 75센티미터 먹이: 곤충

베스페롭테릴루스 *Vesperopterylus*

프테로닥틸루스형류 모노페네스트라타류 아누로그나투스과

목뼈 일부와 오른쪽 위앞다리뼈 빼고 전부 발견됐다. 다른 모든 아누로그나투스과 익룡처럼 주둥이가 짧고 둥글다. 이빨은 짧고 살짝 뭉툭하다. 이런 이빨은 단단한 껍데기를 가진 딱정벌레를 먹기에 적합했다. 목과 꼬리는 짧지만 몸통은 길쭉한 편이다. 날개는 뒷다리보다 두 배 정도 길다. 앞발톱과 뒷발톱이 갈고리처럼 휘어져 있어 나무에 매달리기 적합했다. 특히 첫 번째 뒷발가락은 나머지 뒷발가락들과 맞닿게 구부릴 수 있어서 나뭇가지를 잡기에 안성맞춤이다. 첫 번째 뒷발가락을 이렇게 접을 수 있는 익룡은 베스페롭테릴루스뿐이다.

베스페롭테릴루스는 가장 마지막에 살았던 아누로그나투스과 익룡이기도 하다. 북한에서도 베스페롭테릴루스와 비슷하게 생긴 익룡 화석이 발견된 적이 있다. 하지만 자세히 연구되지 않아 이 익룡이 무슨 종류인지는 아직 모른다. 베스페롭테릴루스는 호수 주변에서 살았다. 오늘날의 일부 박쥐처럼 초저녁에 곤충을 사냥했을 것으로 추정되어 라틴어로 '초저녁의 날개'라는 뜻의 이름이 붙여졌다. 하지만 베스페롭테릴루스가 초저녁에 사냥했다는 증거는 없다.

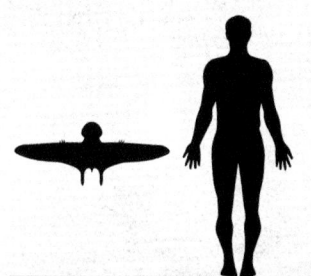

이름 뜻: 초저녁의 날개
시대: 1억 2500만 년 전~1억 2000만 년 전(백악기 전기)
분포: 중국 날개폭: 1미터 먹이: 곤충

벡티드라코 *Vectidraco*

프테로닥틸루스형류　모노페네스트라타류　프테로닥틸루스상과　아즈다르코상과

왼쪽 골반뼈와 골반을 받쳐 주는 척추뼈 4개만 발견됐다. 골반뼈 바깥 면에 삼각형 모양의 오목한 부위가 있고, 안쪽 면에는 큰 구멍이 나 있다. 이것은 이 익룡만 가지고 있는 특징이다. 골반 모양은 아즈다르코상과에 속하는 타페야라과 익룡과 가장 비슷하다. 하지만 다른 뼈들이 발견되지 않았기 때문에 벡티드라코가 타페야라과 익룡이라고 단정 짓기는 어렵다.

'벡티드라코'란 이름은 '와이트섬의 용'이란 뜻이다. 벡티드라코의 유일한 화석은 영국의 와이트섬에서 아홉 살 소녀가 발견했다. 소녀가 이 화석을 박물관에 기증한 덕분에 벡티드라코는 과학자들에 의해 연구될 수 있었다.

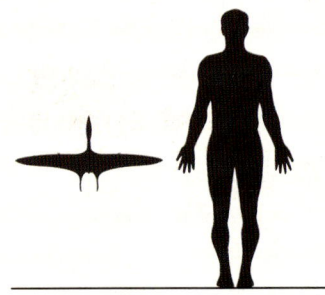

이름 뜻: 와이트섬의 용
시대: 1억 3000만 년 전~1억 2200년 전(백악기 전기)
분포: 영국　날개폭: 75센티미터　먹이: 작은 동물로 추정

벤넷타지아 *Bennettazhia*

프테로닥틸루스형류　모노페네스트라타류　프테로닥틸루스상과　아즈다르코상과

미국에서 위앞다리뼈와 등을 이루는 척추뼈 두 개만 발견됐다. 이 익룡의 화석은 1928년에 처음 보고됐는데, 이때는 프테라노돈의 한 종류로 분류됐다. 당시에 미국에서 발견된 익룡이 프테라노돈밖에 없었기 때문이다. 하지만 날개 끝으로 향할수록 위앞다리뼈의 폭이 넓어지는 프테라노돈과 달리 벤넷타지아는 위앞다리뼈의 폭이 거의 같다. 발견된 위앞다리뼈의 길이는 약 18센티미터다. 척추뼈는 서로 붙어 있는데, 하늘을 날 때 몸통을 고정시키기 위해 이렇게 진화한 것으로 보인다.

벤넷타지아를 아즈다르코과로 분류하는 과학자도 있고, 타페야라과로 분류하는 과학자도 있다. 하지만 머리뼈가 아직 발견되지 않아서 자세히 분류하기가 힘들다. 벤넷타지아의 화석은 바다의 퇴적물이 쌓여 만들어진 지층에서 발견됐다. 어쩌면 벤넷타지아는 프테라노돈과 비슷하게 주로 바다에서 시간을 보내며 물고기를 잡아먹었는지도 모른다. 이 익룡의 이름은 영국의 익룡학자의 이름인 크리스토퍼 베넷에서 따왔다. 베넷 박사는 벤넷타지아가 프테라노돈과 다르다는 점을 처음 알아낸 과학자다.

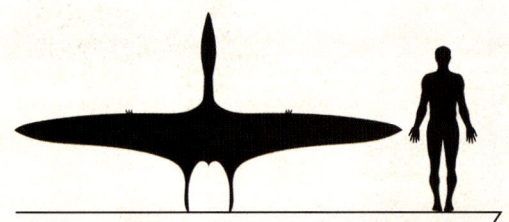

이름 뜻: 베넷의 용
시대: 1억 1200만 년 전~9900만 년 전(백악기)
분포: 미국　날개폭: 4미터　먹이: 물고기로 추정

벨루브룬누스 *Bellubrunnus*

람포린쿠스과

유일하게 발견된 화석이 청소년기의 익룡이라서 다 자란 벨루브룬누스의 모습은 아직 아무도 모른다. 처음에는 어린 람포린쿠스인 줄 알았다. 하지만 람포린쿠스보다 이빨 개수가 적다. 람포린쿠스는 30개가 넘는 이빨을 가지고 있다. 반면에 벨루브룬누스는 22개의 이빨을 가지고 있다. 이빨은 뾰족한 바늘 같아서 미끄러운 물고기를 물기에 적합했다. 목은 짧고 몸통은 길다. 꼬리는 얇고 몸통보다 길다. 하지만 람포린쿠스의 뻣뻣한 꼬리와 달리 좀 더 유연한 꼬리를 가졌을 것으로 추정된다. 이름 뜻의 '브룬'은 이 익룡이 발견된 지역의 이름이다. 벨루브룬누스는 얕고 따뜻한 석호 주변에서 살았다.

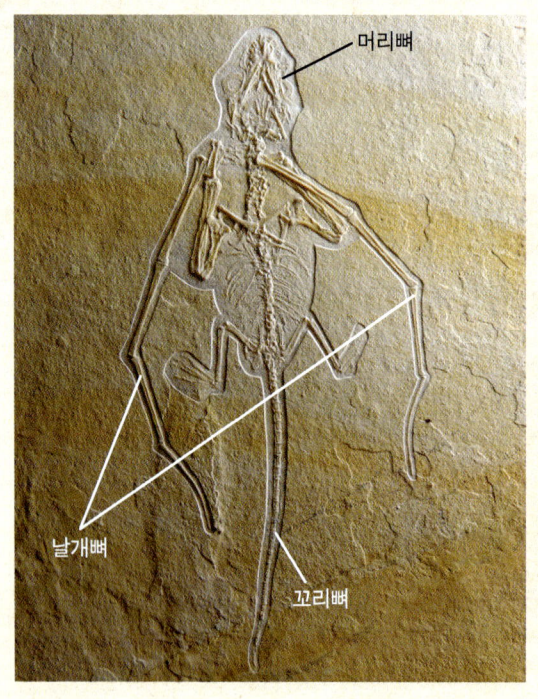

독일의 졸른호펜 박물관에 전시된 벨루브룬누스 화석
ⓒ David W. E. Hone, Helmut Tischlinger,
Eberhard Frey, Martin Röper

이름 뜻: 브룬의 아름다운 것
시대: 1억 5500만 년 전~1억 5000만 년 전(쥐라기 후기)
분포: 독일 날개폭: 30센티미터 이상 먹이: 물고기

보레옵테루스 *Boreopterus*

프테로닥틸루스형류   모노페네스트라타류   프테로닥틸루스상과   프테라노돈상과   보레옵테루스과

주둥이가 길쭉하다. 앞니는 길고 가늘며 살짝 뒤로 휘어져 있다. 반면에 어금니는 작은 삼각형 모양이다. 앞발과 뒷발이 다른 익룡에 비해 작다. 발이 작아서 헤엄을 잘 치지 못했을 것이다. 얕은 물가에 가만히 서 있다가 지나가는 작은 물고기들을 잡았을 것으로 추정된다. 호수나 강 주변에서 살았다.

보레옵테루스는 크게 두 종류로 나뉜다. 한 종류는 머리 길이가 20센티미터 정도이고, 머리뼈에 나 있는 눈구멍이 둥글다. 다른 하나는 머리 길이가 30센티미터 정도이고, 눈구멍이 세모나다. 어떤 과학자들은 이런 차이 때문에 옛날에 서로 다른 두 종류의 보레옵테루스가 살았다고 생각한다. 다른 과학자들은 머리 길이가 짧은 종류가 그저 어린 보레옵테루스일 것이라고 여긴다. 누가 맞는지 아직은 모른다.

중국의 북동쪽 지역인 랴오닝성에서 처음 발견됐다. 그래서 그리스어로 '북쪽의 날개'라는 뜻의 이름을 얻게 되었다. 우리나라에도 보레옵테루스의 이빨과 비슷한 익룡 이빨들이 발견됐다. 어쩌면 우리나라에도 보레옵테루스가 살았는지도 모른다.

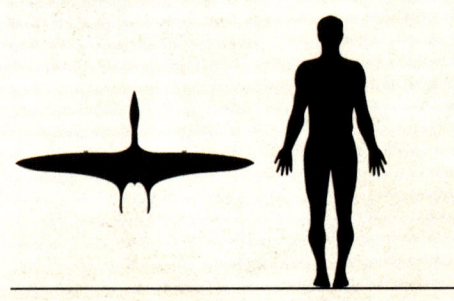

이름 뜻: 북쪽의 날개
시대: 1억 2500만 년 전~1억 2200만 년 전(백악기 전기)
분포: 중국   날개폭: 1.5미터   먹이: 작은 물고기

세라드라코 *Serradraco*

프테로닥틸루스형류　모노페네스트라타류　프테로닥틸루스상과　프테라노돈상과

길이 5센티미터, 높이 2센티미터 정도인 아래턱뼈 조각만 발견됐다. 이 턱뼈에는 짧지만 뾰족한 이빨이 4개 나 있다. 이빨은 1센티미터 간격으로 서로 떨어져 있다. 아래턱뼈가 마치 톱처럼 생겼다 해서 라틴어로 '톱 용'이란 뜻의 이름을 얻게 되었다. 아래턱의 바깥 면에는 홈이 길게 나 있다. 세라드라코가 살아 있을 때 이 홈은 연부 조직으로 가려져 있었을 것이다. 가까운 친척인 롱코드라코, 롱코덱테스와 마찬가지로 육지를 돌아다니는 작은 도마뱀이나 포유류 등을 잡아먹었을 것이다. 세라드라코는 호수나 강 근처에서 살았다.

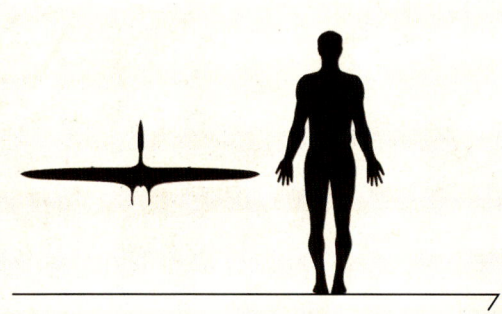

이름 뜻: 톱 용
시대: 1억 4000만 년 전~1억 년 전(백악기 전기)
분포: 영국　날개폭: 1.5미터로 추정　먹이: 작은 도마뱀이나 포유류

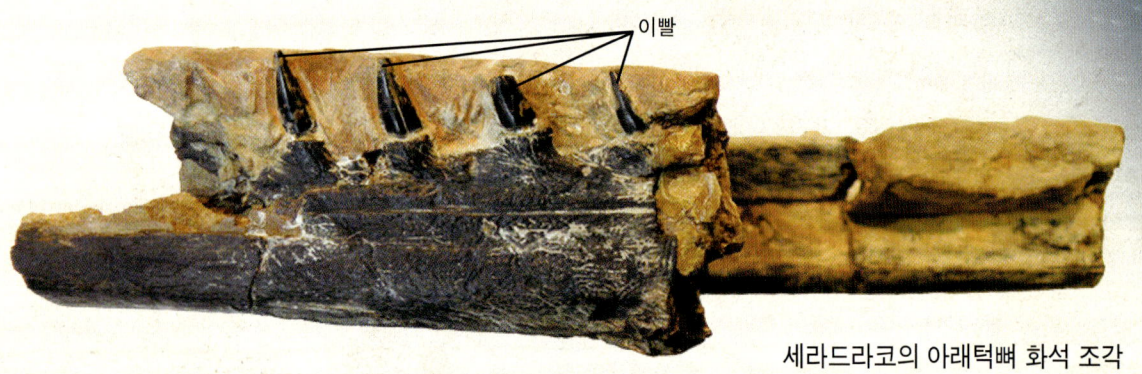

세라드라코의 아래턱뼈 화석 조각
ⓒ Taissa Rodrigues and Alexander Wilhelm Armin Kellner

센조웁테루스 *Shenzhoupterus*

프테로닥틸루스형류 모노페네스트라타류 프테로닥틸루스상과 아즈다르코상과 카오이양곱테루스과

주둥이는 길쭉하고 뾰족하며 이빨은 없다. 뒤통수에는 얇은 볏이 솟아 있다. 아마도 이성을 유혹하는 데 쓰였을 것이다. 목은 가늘지만 몸통보다 길다. 다른 모든 카오이양곱테루스과 익룡처럼 앞발바닥뼈가 위앞다리뼈보다 두 배, 아래앞다리뼈보다 1.4배 더 길다. 하지만 날개의 끝부분을 이루는 앞발가락뼈가 짧아 날개는 짧은 편이다. 뒷다리가 길고 튼튼해 땅 위를 걸어 다니면서 많은 시간을 보냈을 것으로 추정된다. 아마도 이들의 가까운 친척인 아즈다르코과 익룡들처럼 땅 위를 성큼성큼 걸어 다니며 도마뱀이나 포유류, 작은 공룡을 잡아먹었을 것이다. 꼬리는 짧다. 이름 뜻의 '신주'는 중국의 옛날 이름이다.

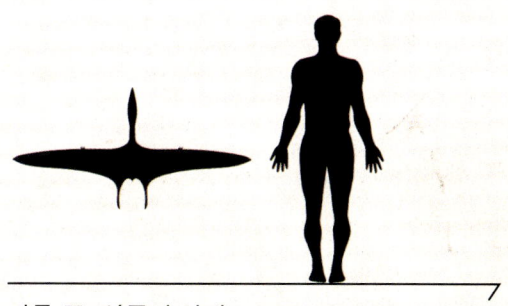

이름 뜻: 신주의 날개
시대: 1억 2500만 년 전~1억 1200만 년 전(백악기 전기)
분포: 중국 날개폭: 1.4미터로 추정 먹이: 도마뱀, 포유류, 작은 공룡

소르데스 *Sordes*

람포린쿠스과

머리 길이가 8센티미터다. 주둥이가 길쭉하며, 고깔 모양의 이빨은 짧고 뾰족하다. 앞니가 어금니보다 조금 더 크다. 아마도 앞니로 곤충을 물어 어금니로 으깨 먹었을 것이다. 눈은 큰 편이다. 목은 짧고 몸통은 길쭉하다. 날개는 다른 람포린쿠스과 익룡보다 짧다. 평소에는 나무 사이를 활공하며 옮겨 다녔을 것이다. 하지만 곤충을 쫓을 때는 날갯짓을 하며 재빨리 날았을 것으로 보인다. 날카로운 갈고리 같은 앞발톱은 나무 위로 기어오를 때 썼을 것이다. 길고 뻣뻣한 꼬리는 하늘을 날 때 몸의 방향을 바꾸는 역할을 했다. 1971년에 처음 보고된 소르데스의 화석에서는 부섬유의 흔적들이 발견됐다. 과학자들은 이 화석을 통해 익룡이 원시 깃털로 덮여 있었다는 것을 처음 알게 되었다. 소르데스를 처음 연구한 과학자는 원시 깃털로 덮여 있는 소르데스의 모습이 악마 같다고 생각했다. 그래서 라틴어로 '불결한 존재'라는 뜻의 '소르데스'라는 이름을 붙여 줬다.

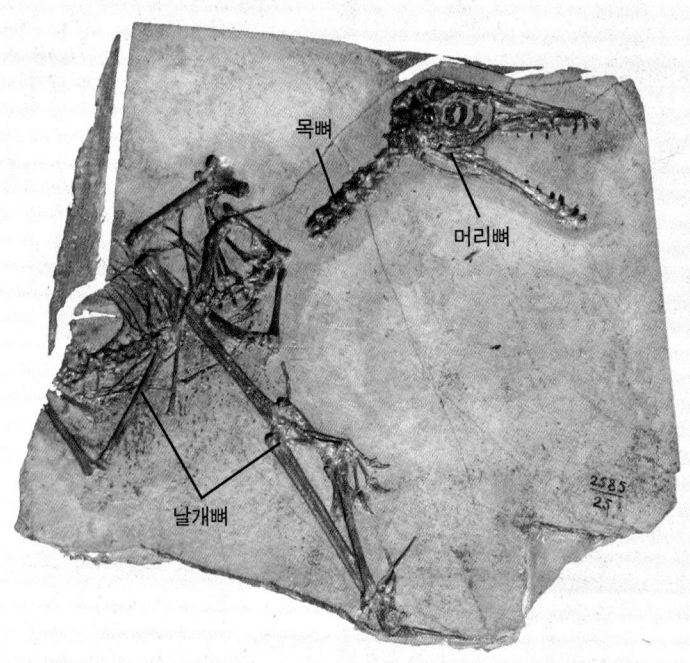

체코에서 열린 〈프라하의 공룡〉 특별전에 전시된 소르데스 화석
ⓒ Ghedoghedo

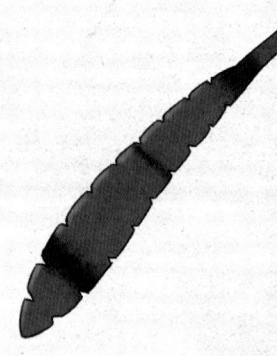

이름 뜻: 불결한 존재
시대: 1억 6100만 년 전~1억 5000만 년 전(쥐라기 후기)
분포: 카자흐스탄 날개폭: 65센티미터 먹이: 곤충

스카포그나투스 *Scaphognathus*

람포린쿠스과

머리 길이가 11센티미터 정도다. 주둥이는 길쭉하며, 이빨은 길고 뾰족하다. 위턱에는 18개, 아래턱에는 10개의 이빨이 나 있다. 아래턱의 끝부분이 뾰족하지 않고 뭉툭하다. 끝이 뭉툭한 아래턱이 마치 타는 배처럼 생겼다 해 라틴어로 '배 턱'이란 뜻의 이름을 얻게 되었다. 목은 짧지만 몸통은 길다. 위앞다리뼈는 짧은 편이다. 스카포그나투스는 람포린쿠스과 익룡 중에서 꼬리가 짧은 편에 속한다. 람포린쿠스는 몸통보다 거의 3배나 더 긴 꼬리를 가진다. 반면에 스카포그나투스의 꼬리는 몸통보다 두 배 정도 더 길다. 스카포그나투스는 숲에서 살았을 것이다. 나무와 나무 사이를 활공하며 오가거나 빠른 날갯짓으로 작은 곤충을 뒤쫓았을 것으로 추정된다. 1831년에 처음 발견된 스카포그나투스의 화석에는 꼬리 부위가 없었다. 그래서 이 익룡을 처음 연구한 과학자는 스카포그나투스가 그저 꼬리가 짧은 익룡인 프테로닥틸루스인 줄 알았다.

미국의 클리블랜드 자연사 박물관에 전시된 스카포그나투스 화석
ⓒ Tim Evanson

이름 뜻: 배 턱
시대: 1억 5000만 년 전~1억 4500만 년 전 (쥐라기 후기)
분포: 독일 날개폭: 90센티미터 먹이: 곤충을 포함한 작은 동물

시놉테루스 *Sinopterus*

프테로닥틸루스형류   모노페네스트라타류   프테로닥틸루스상과   아즈다르코상과   타페야라과

머리가 최대 길이 17센티미터까지 자란다. 주둥이는 뾰족하고 살짝 아래로 휘어졌으며, 이빨은 없다. 타페야라과 익룡 중에서는 주둥이가 긴 편이다. 위턱은 뒤로 갈수록 폭이 넓어지는 반면에 아래턱 두께는 그에 비해 아주 얇다. 콧등부터 뒤통수까지 얇은 뼈와 각질로 된 볏이 솟아 있다. 이 볏은 이성을 유혹하는 데 쓰였을 것이다. 목과 몸통의 길이는 비슷하다. 뒷다리는 길고 굵으며 튼튼하기까지 하다. 그래서 과학자들은 시놉테루스가 땅 위를 성큼성큼 잘 걸어 다녔을 것으로 추정한다. 어쩌면 호수 주변의 숲을 걸어 다니며 잘 익은 열매를 따 먹거나 땅 위를 돌아다니는 작은 동물들을 잡아먹었을 것이다.

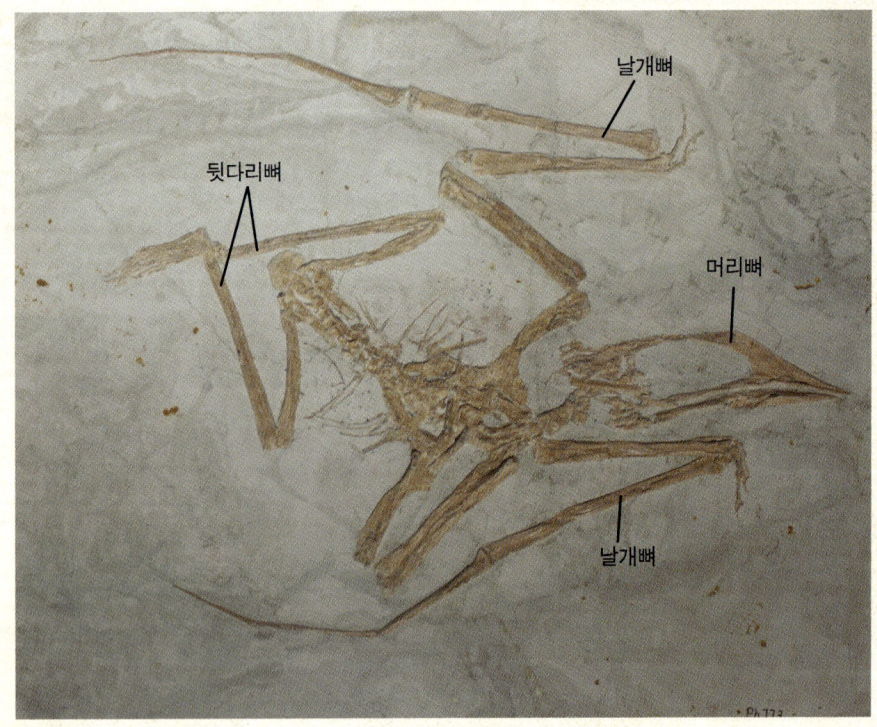

중국의 베이징 자연사 박물관에 전시된 시놉테루스 화석
ⓒ Jonathan Chen

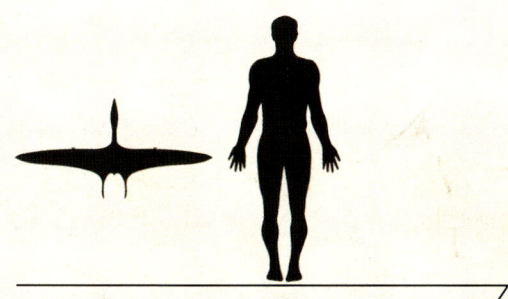

이름 뜻: 중국의 날개

시대: 1억 2500만 년 전~1억 1200만 년 전(백악기 전기)

분포: 중국 날개폭: 1.2미터 먹이: 작은 동물, 씨앗이나 과일

시무르기아 *Simurghia*

| 프테로닥틸루스형류 | 모노페네스트라타류 | 프테로닥틸루스상과 | 프테라노돈상과 | 닉토사우루스과 |

길이 16센티미터인 오른쪽 위앞다리뼈만 발견된 희귀한 익룡이다. 위앞다리뼈가 도끼처럼 생겼는데, 이것은 닉토사우루스과 익룡의 특징이다. 위앞다리뼈의 윗부분에 가슴 근육이 붙는 거대한 돌기가 있다. 부채처럼 생긴 이 돌기는 닉토사우루스과 익룡 중에서 시무르기아만 가지고 있다. 시무르기아는 다른 닉토사우루스과 익룡과 마찬가지로 이빨이 없는 길쭉한 주둥이와 앞발가락이 없는 날개를 가지고 있었을 것이다. 그리고 친척들처럼 바다 위를 날아다니며 물고기를 잡아먹었을 것이다. '시무르기아'라는 이름은 고대 페르시아의 전설 속 새의 이름인 '시무르그'에서 따왔다.

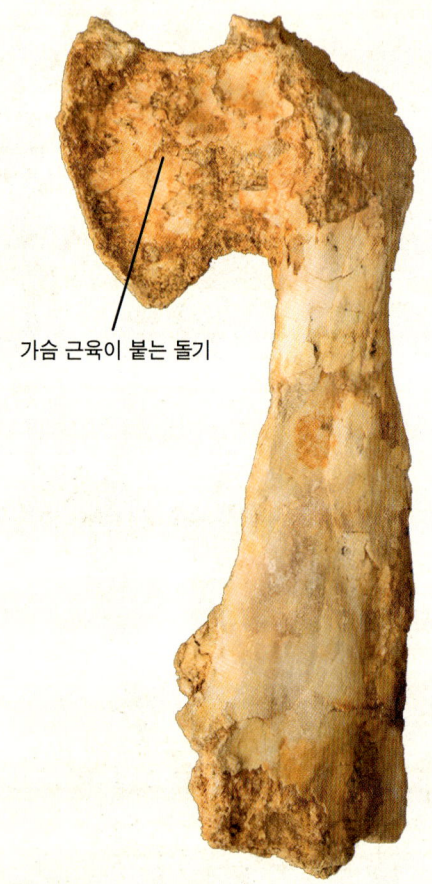

가슴 근육이 붙는 돌기

시무르기아의 오른쪽 위앞다리뼈 화석.
위를 향해 볼록 튀어나온 부분이 바로 가슴 근육이 붙는 돌기다.
ⓒ Nicholas R. Longrich, David M. Martill, Brian Andres

이름 뜻: 시무르그
시대: 7000만 년 전~6600만 년 전(백악기 후기)
분포: 모로코 날개폭: 4미터로 추정 먹이: 물고기로 추정

아누로그나투스 *Anurognathus*

프테로닥틸루스형류　모노페네스트라타류　아누로그나투스과

주둥이가 짧고 둥글다. 주둥이 안에는 작은 고깔 모양의 이빨들이 있다. 다른 아누로그나투스과 익룡들처럼 눈이 굉장히 크다. 이런 눈은 어두울 때도 사물을 잘 보게끔 해 줬을 것이다. 그래서 어떤 과학자들은 아누로그나투스가 해가 뜰 때나 질 시간에 사냥을 했을 것이라고 생각한다. 몸통 길이는 약 5센티미터다. 날개는 몸에 비해 긴 편이지만, 날개를 이루는 앞발바닥뼈가 매우 짧다. 위앞다리뼈가 두껍고 튼튼해서 힘차게 날갯짓을 하며 하늘을 날 수 있었다.

갈고리 같은 발톱은 나무에 매달리기 적합했다. 어쩌면 오늘날의 박쥐나 소쩍새처럼 살았는지도 모른다. 호수 주변을 날아다니는 곤충을 잡아먹었을 것이다. 아누로그나투스가 발견된 지층에서는 날개 일부분이 뜯긴 잠자리와 나방 화석도 발견된다. 몇몇 과학자들은 아누로그나투스 같은 작은 익룡들이 잠자리와 나방의 날개를 물어뜯었을 것으로 보고 있다.

이름 뜻: 꼬리 없는 턱
시대: 1억 5000만 년 전~1억 4500만 년 전 (쥐라기 후기)
분포: 독일　날개폭: 35센티미터　먹이: 곤충

아람보우르기아니아 *Arambourgiania*

프테로닥틸루스형류 　모노페네스트라타류 　프테로닥틸루스상과 　아즈다르코상과 　아즈다르코과

길이가 62센티미터나 되는 목뼈 하나만 발견됐다. 과학자들은 아람보우르기아니아의 목 길이가 3미터 정도였을 것으로 보고 있다. 아람보우르기아니아는 다른 거대한 아즈다르코과 익룡처럼 긴 다리를 이용해 걸어 다니며 포유류나 악어, 작은 공룡들을 잡아먹었을 것이다. 이 익룡은 바닷가에서 살았다. 목뼈 하나로 계산한 아람보우르기아니아의 날개폭은 13미터다. 이 계산이 맞다면 아람보우르기아니아야말로 지구상에서 가장 컸던 익룡이다.

'아람보우르기아니아'라는 이름은 이 익룡을 처음 연구한 프랑스의 과학자 카미유 아람부르의 이름에서 따왔다. 원래는 '거대한 날개'를 뜻하는 그리스어인 '티타놉테릭스'라고 이름을 붙여 줬었다. 하지만 이것이 이미 파리의 한 종류에 붙은 이름임이 밝혀지면서 아람보우르기아니아로 이름이 바뀌게 되었다.

파리의 국립 자연사 박물관에 전시된 아람보우르기아니아 목뼈 화석
ⓒ Ghedoghedo

이름 뜻: 아람부르
시대: 7000만 년 전~6600만 년 전(백악기 후기)
분포: 요르단 날개폭: 최대 13미터로 추정 먹이: 포유류, 악어, 작은 공룡

아르겐티나드라코 *Argentinadraco*

프테로닥틸루스형류　모노페네스트라타류　프테로닥틸루스상과　아즈다르코상과　아즈다르코과

거의 완벽한 아래턱뼈 하나만 발견됐다. 아래턱의 길이는 30센티미터 정도다. 주둥이는 뾰족하고 이빨은 없다. 특이하게도 아래턱 가운데에 볼록한 볏이 있다. 이성을 유혹하는 데 쓰였을 것이라 사냥 중에 망가지지 않도록 주둥이 뒤쪽에 솟았을 수도 있다. 아르겐티나드라코의 주둥이 안쪽은 울퉁불퉁하다. 이 익룡을 연구한 과학자들은 이 울퉁불퉁한 아래턱과 위턱이 맞닿아 먹잇감을 단단히 물 수 있었을 것이라고 봤다. 아르겐티나드라코는 강 주변에서 살았는데, 어쩌면 강가에 서 있다가 물고기를 잡아먹었는지도 모른다.

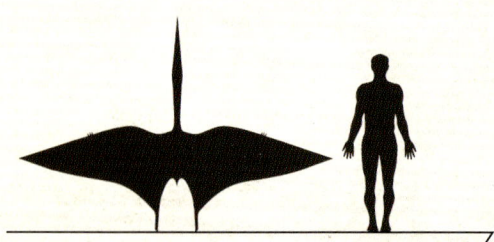

이름 뜻: 아르헨티나의 용
시대: 9300만 년 전~8600만 년 전(백악기 후기)
분포: 아르헨티나　날개폭: 3미터로 추정　먹이: 물고기로 추정

아륵티코닥틸루스 *Arcticodactylus*

에오프테로사우루스류　에우디모르포돈과

지금까지 알려진 익룡 중 가장 몸집이 작다. 하지만 발견된 유일한 화석이 어린 익룡이어서 아마도 조금 더 크게 자랄 수 있었을 것으로 추정된다. 주둥이는 길쭉하다. 위턱에는 약 44개의 이빨이 있다. 뾰족한 송곳니가 없고, 위턱의 세 번째 어금니와 네 번째 어금니 사이가 벌어져 있는 것이 특징이다. 이빨은 작은 곤충을 으깨기 적합한 나뭇잎 모양이다.

아래앞다리뼈와 아래뒷다리뼈가 다른 익룡에 비해 짧은 편이다. 다른 원시 익룡들처럼 꼬리가 길고 뻣뻣하다. 날개를 힘차게 움직이며 하늘을 날았을 것이다. 하지만 날개 근육이 별로 발달하지 못해서 먼 거리를 날기는 힘들었을 것이다.

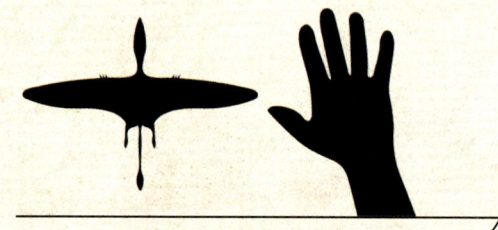

이름 뜻: 북극의 손가락
시대: 2억 2100만 년 전~2억 500만 년 전(트라이아스기 후기)
분포: 그린란드　날개폭: 24센티미터 이상　먹이: 곤충

아우로라즈다르코 *Aurorazhdarcho*

프테로닥틸루스형류   모노페네스트라타류   프테로닥틸루스상과   아르카이옵테로닥틸루스상과   크테노카스마과

주둥이가 얇고 길쭉하다. 주둥이 앞쪽에 약 36개의 작은 이빨들이 솟아 있다. 앞니는 살짝 뒤로 휘어져 있지만 뒷니는 똑바로 났다. 콧등에는 얇은 연부 조직으로 이루어진 볏이 있었을 것으로 추정된다. 목은 몸통과 길이가 비슷하다. 날개는 짧은 편이어서 날개를 많이 움직이며 하늘을 날았을 것으로 보고 있다.

처음으로 연구된 아우로라즈다르코는 1999년에 발견된 어린 익룡이었다. 이 익룡을 처음 연구한 과학자는 아우로라즈다르코가 그저 새끼 프테로닥틸루스인 줄 알았다. 어른 아우로라즈다르코의 화석은 2011년이 되어서야 보고됐다.

어른 아우로라즈다르코의 화석을 연구한 과학자는 이 익룡이 가장 오래된 아즈다르코상과 익룡인 줄 알았다. 라틴어로 '새벽의 용'을 뜻하는 이름은 이런 이유로 붙여졌다. 하지만 그 후에 다른 과학자들이 아우로라즈다르코의 주둥이가 크테노카스마의 것과 더 비슷하다는 사실을 알아내 지금은 이 익룡을 크테노카스마과로 분류하고 있다. 아우로라즈다르코는 얕고 따뜻한 바다나 석호 일대에서 살았다.

프랑스의 파리 국립 자연사 박물관에 전시된 어린 아우로라즈다르코 화석
ⓒ Liné1

이름 뜻: 새벽의 용
시대: 1억 5000만 년 전~1억 4500만 년 전(쥐라기 후기)
분포: 독일 날개폭: 90센티미터 먹이: 물고기

아우스트리아닥틸루스
Austriadactylus

에오프테로사우루스류

원시 익룡 중 하나다. 머리 길이는 12센티미터다. 앞니는 길쭉하고 뒤로 살짝 휘어져 있다. 뒷니는 삼각형 모양이며 앞뒤로 톱날이 발달했다. 길쭉한 앞니로 도마뱀같이 작은 동물을 물어서 뒷니로 으깨 먹었을 것이다. 주둥이 끝부터 눈 위까지 얇은 뼈로 된 볏이 솟아 있다. 이 삼각형 모양의 볏은 이성을 유혹하는 데 쓰였을 것이다. 길고 뻣뻣한 꼬리는 하늘을 날 때 몸의 방향을 바꿔 주는 역할을 했을 것이다. 하지만 꼬리뼈들이 서로 많이 포개지지는 않아서 람포린쿠스보다는 덜 뻣뻣한 꼬리를 가졌다. 이런 꼬리는 오히려 에우디모르포돈과 비슷하다. 아우스트리아닥틸루스의 유일한 화석은 오스트리아에 있는 버려진 석회암 채석장에서 발견됐다.

이름 뜻: 오스트리아의 손가락
시대: 2억 1200만 년 전~2억 500만 년 전(트라이아스기 후기)
분포: 오스트리아 날개폭: 1.2미터 먹이: 작은 동물

아즈다르코 *Azhdarcho*

프테로닥틸루스형류　모노페네스트라타류　프테로닥틸루스상과　아즈다르코상과　아즈다르코과

지금까지 완벽한 뼈대 화석이 발견된 적이 없다. 하지만 화석이 여러 개 나온 덕분에 과학자들은 아즈다르코의 모습을 복원할 수 있었다. 주둥이가 길쭉하고 뾰족하며 이빨은 없다. 다른 아즈다르코과 익룡처럼 목과 다리가 아주 길다. 아즈다르코과 익룡 중에서 가장 먼저 보고됐다. 땅 위를 성큼성큼 걸어 다니며 도마뱀이나 포유류, 작은 공룡을 잡아먹었을 것이다. 이름은 고대 페르시아의 전설 속 용인 '아즈다하'에서 따왔다. 아즈다르코는 바닷가에서 살았다.

이름 뜻: 아즈다하
시대: 8400만 년 전~7000만 년 전(백악기 후기)
분포: 우즈베키스탄　날개폭: 4.5미터　먹이: 도마뱀, 포유류, 작은 공룡

안항구에라 *Anhanguera*

프테로닥틸루스형류　모노페네스트라타류　프테로닥틸루스상과　프테라노돈상과　안항구에라과

머리 길이가 약 60센티미터다. 주둥이는 가늘고 길쭉하다. 주둥이 안에는 약 70개나 되는 뾰족한 이빨들이 나 있다. 앞니는 길쭉한 고깔 모양이며 뒤로 살짝 휘어져 있다. 반면에 뒷니는 작은 삼각형 모양이다. 이빨은 주둥이 앞쪽부터 콧구멍이 있는 지점까지만 나 있다. 위턱과 아래턱에는 뼈로 된 둥근 볏이 솟아 있는데, 아마도 이성을 유혹하는 데 쓰였을 것이다.

눈은 머리에 비해 작은 편이다. 목은 몸통보다 조금 더 길다. 안항구에라는 긴 날개를 이용해 오늘날의 바닷새인 신천옹처럼 날갯짓을 거의 하지 않고 바람을 타며 날아다녔을 것이다. 뒷다리는 날개에 비해 짧으며, 꼬리 또한 짧다. 바닷가나 드넓은 바다 위를 날아다니며 대부분의 시간을 보냈을 것으로 추정된다. 배가 고플 때는 바다 위를 천천히 날며 물고기를 낚아챘을 것이다.

미국의 고대사 박물관에 전시된 안항구에라 화석
ⓒ Zach Tirrell

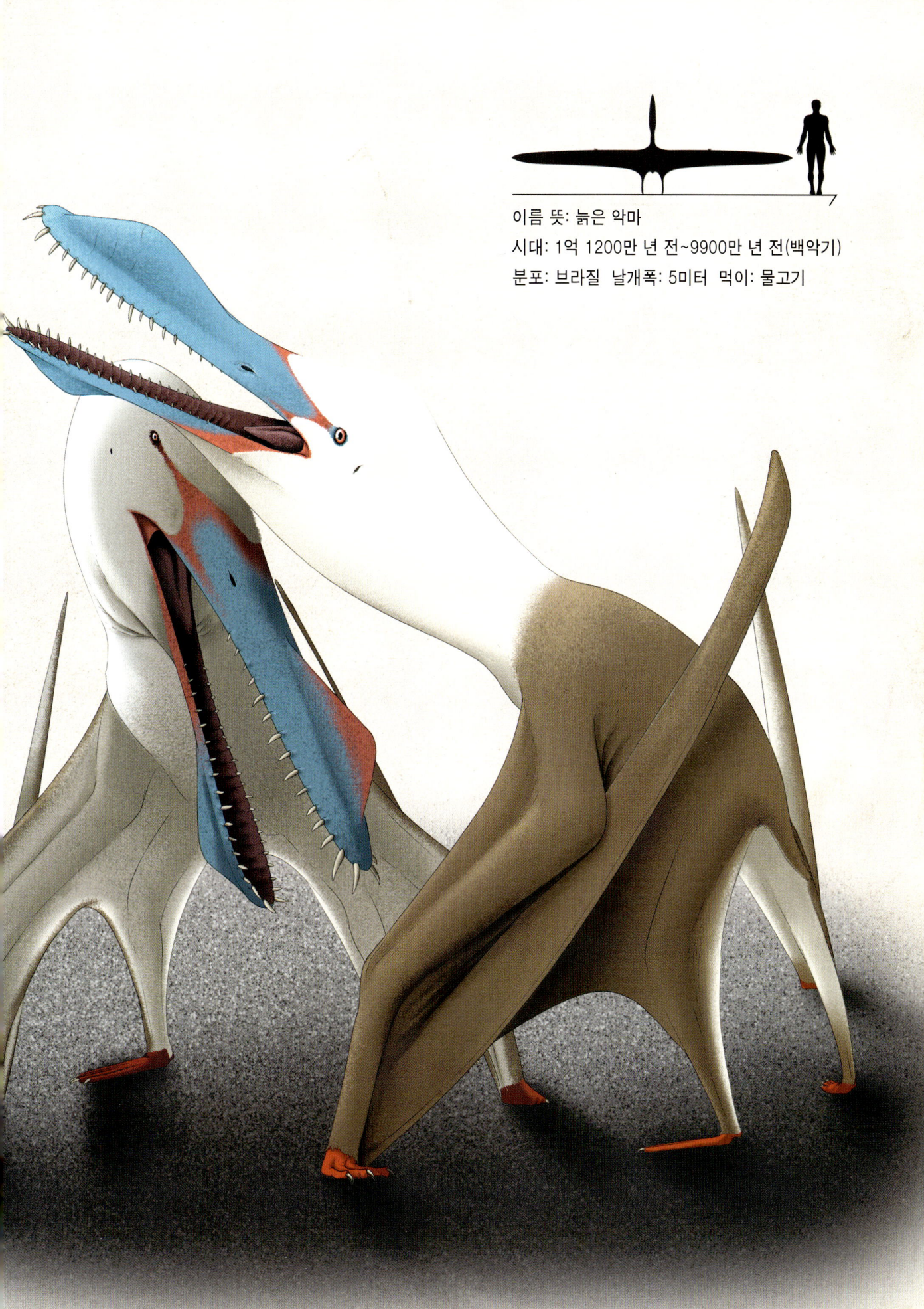

이름 뜻: 늙은 악마
시대: 1억 1200만 년 전~9900만 년 전(백악기)
분포: 브라질 날개폭: 5미터 먹이: 물고기

알라모닥틸루스 *Alamodactylus*

프테로닥틸루스형류　모노페네스트라타류　프테로닥틸루스상과　프테라노돈상과　닉토사우루스과

왼쪽 날개를 이루는 위앞다리뼈, 앞발바닥뼈, 날개뼈의 첫 번째 마디만 발견됐다. 위앞다리뼈의 모양이 프테라노돈이나 닉토사우루스와 아주 비슷해서 과학자들은 알라모닥틸루스가 이 두 익룡과 비슷하게 생겼을 것으로 보고 있다.

위앞다리뼈 아래쪽에는 공기주머니가 들어 있던 작은 구멍들이 있다. 이는 알라모닥틸루스만의 특징이다. 프테라노돈이나 닉토사우루스와 마찬가지로 바다 위를 날아다니거나 떠다니며 대부분의 시간을 보냈을 것으로 추정된다.

알라모닥틸루스의 화석은 미국의 텍사스주에서 발견됐다. 텍사스주에는 19세기에 미국과 멕시코가 벌인 전쟁의 격전지였던 알라모 요새가 있다. 과학자들은 이 역사적인 요새의 이름을 따와 이 익룡에게 '알라모의 손가락'이란 이름을 지어 줬다.

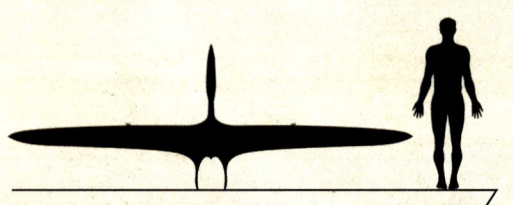

이름 뜻: 알라모의 손가락
시대: 8900만 년 전~8500만 년 전(백악기 후기)
분포: 미국　날개폭: 5미터　먹이: 물고기, 연체동물

알랑카 *Alanqa*

프테로닥틸루스형류   모노페네스트라타류   프테로닥틸루스상과   아즈다르코상과   아즈다르코과

지금까지 한 마리만 보고됐는데, 턱뼈 다섯 조각과 목뼈 하나가 발견됐다. 주둥이가 다른 아즈다르코과 익룡들처럼 매우 뾰족하다. 이빨이 없어서 먹이를 통째로 삼켰을 것이다. 늪이나 바닷가에서 살았기 때문에 물가를 돌아다니던 도마뱀이나 새끼 악어, 작은 공룡을 잡아먹었을 수도 있다. '알랑카'라는 이름은 고대 페르시아의 전설 속 불사조의 이름을 그대로 따온 것이다.

이름 뜻: 알랑카
시대: 9900만 년 전~9400만 년 전(백악기 후기)
분포: 모로코   날개폭: 6미터로 추정   먹이: 도마뱀, 새끼 악어, 작은 공룡으로 추정

알키오네 *Alcione*

프테로닥틸루스형류   모노페네스트라타류   프테로닥틸루스상과   프테라노돈상과   닉토사우루스과

지금까지 3마리가 화석으로 발견됐다. 다른 닉토사우루스과 익룡보다 덩치가 작은 편이다. 아래턱과 몸통 일부분만 알려져 있어 닉토사우루스처럼 뒤통수에 뼈로 된 기다란 볏이 있었는지 아닌지는 모른다. 주둥이는 가늘고 길쭉하다. 이빨이 없어서 먹이를 통째로 삼켰을 것이다. 허벅지뼈는 짧고 튼튼하다. 긴 날개를 이용해 바다 위를 날아다녔을 것이다. 닉토사우루스와 마찬가지로 땅 위에는 거의 내려오지 않았을 수도 있다. '알키오네'란 이름은 그리스 신화에 등장하는 인물의 이름을 그대로 따온 것이다. 그리스 신화에서 알키오네는 자신의 남편인 왕이 바다에서 죽었다는 사실을 알고는 바다를 돌아다니다 물총새로 변신하고 마는 비운의 왕비다.

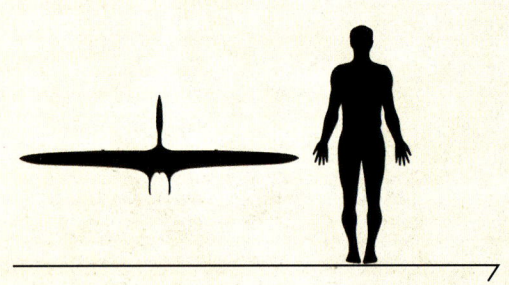

이름 뜻: 알키오네
시대: 7000만 년 전~6600만 년 전(백악기 후기)
분포: 모로코   날개폭: 2미터로 추정   먹이: 물고기

에오아즈다르코 *Eoazhdarcho*

프테로닥틸루스형류 모노페네스트라타류 프테로닥틸루스상과 아즈다르코상과 카오이앙곱테루스과

아래턱뼈와 몸통뼈 대부분이 발견됐다. 주둥이는 길쭉하고 뾰족하다. 아래턱의 길이는 약 18센티미터다. 중국에서 발견되는 다른 익룡들과 달리 어깨뼈와 가슴뼈가 단단히 합쳐졌다. 어깨뼈와 가슴뼈가 튼튼하고 뒷다리뼈가 길어서 땅 위를 많이 걸어 다녔을 것으로 추정된다. 호수 주변을 돌아다니며 작은 도마뱀이나 포유류를 잡아먹었을 것이다. 이빨이 없고 턱뼈가 약해서 크고 무거운 동물은 잡아먹지 않았을 것이다. 우즈베키스탄에서 발견된 아즈다르코와 비슷한데, 이들보다 일찍 살았기 때문에 '새벽의 아즈다르코'라는 뜻의 이름을 얻게 되었다.

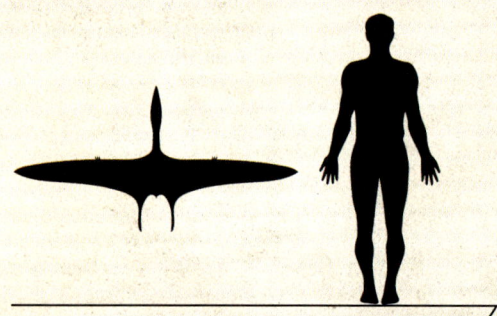

이름 뜻: 새벽의 아즈다르코
시대: 1억 2500만 년 전~1억 1200만 년 전 (백악기 전기)
분포: 중국 날개폭: 1.6미터 먹이: 작은 도마뱀이나 포유류

에옵테라노돈 *Eopteranodon*

프테로닥틸루스형류　모노페네스트라타류　프테로닥틸루스상과　아즈다르코상과　타페야라과

머리 길이가 약 20센티미터다. 주둥이는 가늘고 길쭉하며 이빨은 없다. 뒤통수에는 뼈로 된 뿔 모양의 볏이 솟아 있다. 살아 있었을 때는 이 볏 위로 얇은 연부 조직이 붙어 있었을 것이다. 이 볏은 이성을 유혹하는 데 쓰였을 것이다. 아래턱의 끝부분부터 중간까지 볏이 있지만 매우 낮아서 눈에 잘 띄지 않는다. 목은 몸통과 길이가 비슷하며, 뒷다리가 긴 편이다.

에옵테라노돈을 처음 연구한 과학자들은 이 익룡이 백악기 후기에 등장하는, 이빨이 없는 모든 익룡들의 조상이라고 생각했다. 그래서 그리스어로 '이빨 없는, 새벽의 날개'라는 뜻의 이름을 붙여 줬다. 하지만 지금의 과학자들은 에옵테라노돈을 몸집이 작은 타페야라과 익룡으로 분류한다. 다른 타페야라과 익룡과 비슷한 볏이 아래턱에 솟아 있기 때문이다. 에옵테라노돈은 호수 주변을 걸어 다니며 작은 도마뱀이나 포유류를 사냥하거나 물가에서 자라는 식물의 씨앗이나 과일을 먹었을 것이다.

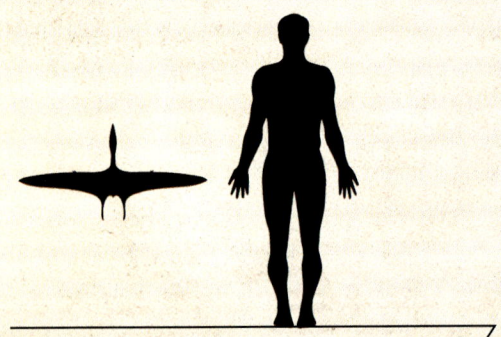

이름 뜻: 이빨 없는, 새벽의 날개
시대: 1억 3000만 년 전~1억 2200만 년 전(백악기 전기)
분포: 중국　날개폭: 1.1미터　먹이: 작은 도마뱀이나 포유류, 씨앗이나 과일

에우디모르포돈 *Eudimorphodon*

에오프테로사우루스류 에우디모르포돈과

주둥이가 길쭉하고 위턱이 두껍다. 위턱에는 50개, 아래턱에는 52개의 이빨이 솟아 있다. 앞니는 고깔 모양이다. 반면에 뒷니는 울퉁불퉁해서 마치 나뭇잎 같다. 이빨이 두 종류라는 점이 디모포르돈과 비슷하다. 하지만 디모포르돈은 주둥이가 더 굵고, 이빨 모양도 더 단순하다. 에우디모르포돈은 디모포르돈보다 먼저 살았기 때문에 그리스어로 '새벽의 두 가지 모양 이빨'이란 뜻의 이름을 얻게 되었다. 디모포르돈의 이름은 '두 가지 모양의 이빨'이라는 뜻이다.

에우디모르포돈은 지금까지 알려진 익룡 중에서 윗니와 아랫니가 가장 잘 맞물린다. 그래서 먹이를 야금야금 잘 씹어 먹었을 것으로 추정된다. 에우디모르포돈의 배 속에서 물고기 화석이 가끔씩 발견되는 까닭에 과학자들은 이들이 물가에서 물고기를 주로 잡아먹었을 것으로 본다.

이탈리아의 베르가모 시민 과학 박물관에서 소장하고 있는
에우디모르포돈 화석 ⓒ Tommy

이름 뜻: 새벽의 두 가지 모양 이빨
시대: 2억 1200만 년 전~2억 100만 년 전(트라이아스기 후기)
분포: 프랑스, 이탈리아, 룩셈부르크, 스위스 날개폭: 1미터 먹이: 물고기

에우로페야라 *Europejara*

프테로닥틸루스형류　모노페네스트라타류　프테로닥틸루스상과　아즈다르코상과　타페야라과

윗턱뼈 조각과 아래턱뼈가 발견됐다. 아래턱의 길이는 약 25센티미터다. 아래턱의 끝부분에는 다른 타페야라과 익룡처럼 얇은 뼈로 된 볏이 솟아 있다. 하지만 에우로페야라의 볏은 다른 타페야라과 익룡보다 더 튀어나와 있다. 이빨은 없다. 유럽에서 유일하게 발견된 타페야라과 익룡이어서 '유럽의 타페야라'라는 뜻의 이름을 얻게 되었다. 에우로페야라는 지금까지 알려진 타페야라과 익룡 중에서 가장 오래된 익룡이기도 하다. 그래서 과학자들은 타페야라과 익룡의 고향이 유럽일 것으로 보고 있다. 에우로페야라는 바닷가를 돌아다니며 작은 도마뱀이나 포유류 등을 잡아먹거나, 과일을 먹었을 것이다.

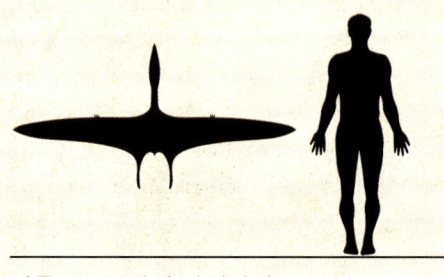

이름 뜻: 유럽의 타페야라
시대: 1억 3000만 년 전~1억 2500만 년 전(백악기 전기)
분포: 스페인　날개폭: 2미터　먹이: 작은 도마뱀이나 포유류, 과일

예올롭테루스 *Jeholopterus*

프테로닥틸루스형류 모노페네스트라타류 아누로그나투스과

뼈대 전체뿐만 아니라 피부막과 원시 깃털의 흔적도 함께 발견되어 거의 완벽하게 복원할 수 있었다. 주둥이가 짧고 머리가 넓적해서 마치 개구리같이 생겼다. 이빨은 길고 뾰족하며, 앞니가 뒷니보다 길다. 다른 아누로그나투스과 익룡보다 몸통이 거의 두 배는 더 크다. 앞발톱과 뒷발톱은 갈고리 같아서 나무에 오르거나 매달리기에 적합했다. 다섯 번째 뒷발가락도 다른 아누로그나투스과 익룡보다 길다.

예올롭테루스의 화석을 보면 날개막의 흔적이 네 번째 앞발가락의 끝부터 뒷발목까지 이어져 있다. 그래서 과학자들은 적어도 아누로그나투스과 익룡의 날개막이 뒷발목까지 붙어 있었음을 알 수 있었다. 예올롭테루스는 호수 주변의 나무 위에서 살았을 것이다. '예올롭테루스'란 이름은 '제홀의 날개'란 뜻을 가지고 있다. 제홀은 예올롭테루스가 발견된 중국 청더시의 옛날 이름이다.

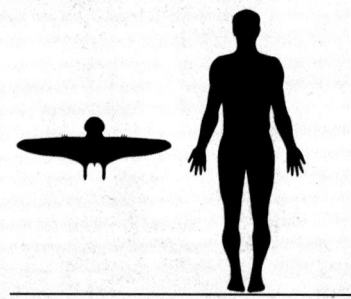

이름 뜻: 제홀의 날개
시대: 1억 6400만 년 전~1억 6100만 년 전 (쥐라기 중·후기)
분포: 중국   날개폭: 90센티미터   먹이: 곤충, 물고기

오르니토케이루스 *Ornithocheirus*

프테로닥틸루스형류   모노페네스트라타류   프테로닥틸루스상과   프테라노돈상과   오르니토케이루스과

지금으로부터 거의 160년 전인 19세기 중반에 처음 발견됐다. 하지만 뼈 화석 조각들만 발견되어 전체 모습은 수수께끼다. 그나마 잘 보존된 위턱과 아래턱 끝에는 볼록하게 볏이 솟아 있다. 안항구에라의 볏과 비슷해 보이지만 위턱 볏이 안항구에라보다 더 높게 솟아 있다. 고깔 모양의 이빨은 똑바로 나 있다. 이런 이빨은 미끄러운 물고기를 물기에 좋다.

한때 과학자들은 영국 일대에서 발견된 익룡 화석들을 무조건 오르니토케이루스로 분류했다. 그래서 오르니토케이루스의 종류가 거의 30가지나 되었던 때도 있었다. 오르니토케이루스로 분류됐던 대표적인 익룡으로는 롱코덱테스와 콜로보린쿠스가 있다. 오르니토케이루스의 손목뼈로 추정됐던 화석을 연구한 과학자는 익룡이 새의 조상이었을 것이라고 여겨 그리스어로 '새의 손'을 뜻하는 이름을 이 익룡에게 붙여 줬다. 물론 익룡은 새의 조상이 아니다.

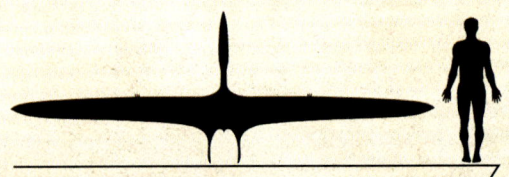

이름 뜻: 새의 손
시대: 1억 3000만 년 전~9400만 년 전(백악기)
분포: 영국   날개폭: 5미터로 추정   먹이: 물고기

우누인디아 *Unwindia*

프테로닥틸루스형류   모노페네스트라타류   프테로닥틸루스상과   프테라노돈상과

길고 얇은 위턱뼈 일부분만 발견됐다. 보존된 위턱의 길이는 22센티미터, 높이는 약 4센티미터다. 완벽한 머리뼈는 길이가 30센티미터 정도였을 것이다. 위턱에는 고깔 모양의 이빨이 14개 나 있다. 같은 시기에 같은 지역에서 살았던 다른 익룡들과 달리 이빨 길이가 전부 똑같다. 이빨의 길이는 1센티미터 정도다. 우누인디아는 길쭉한 주둥이를 이용해 물고기를 낚아채거나, 굴속에 숨어 사는 작은 도마뱀이나 포유류를 잡아먹었을 것이다. 바닷가나 석호 주변에서 살았다. 이름은 영국의 익룡 전문가인 데이비드 언윈을 기리기 위해 '언윈의 것'이라는 뜻의 '우누인디아'라고 지었다.

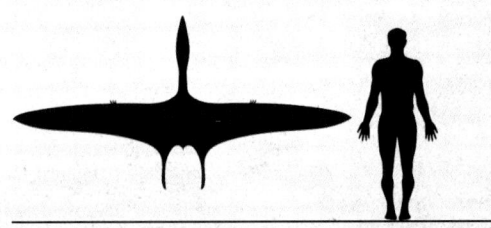

이름 뜻: 언윈의 것
시대: 1억 1200만 년 전~1억 900만 년 전(백악기 전기)
분포: 브라질   날개폭: 3미터로 추정   먹이: 물고기, 작은 도마뱀이나 포유류

우콩곱테루스 *Wukongopterus*

프테로닥틸루스형류 모노페네스트라타류 우콩곱테루스과

거의 완벽한 뼈대 화석이 발견됐다. 주둥이가 가늘고 길쭉하다. 위턱에서 32개의 이빨이 발견됐다. 익룡 중에서는 유일하게 입을 다물면 위턱에 난 앞니 네 개가 아래턱의 끝부분을 살짝 감싼다. 이빨은 모두 고깔 모양이다. 가까운 친척인 다위놉테루스보다 이빨이 가늘어서 주로 작은 곤충을 먹고 살았을 것으로 추정된다. 아마도 다위놉테루스와 마찬가지로 콧등에 볏이 솟아 있었을 것이다. 목은 몸통과 길이가 비슷하다. 우콩곱테루스과에 속하는 익룡 중에서 목이 가장 길다.

우콩곱테루스는 날개가 여객기 날개처럼 길쭉하고 어깨뼈와 가슴뼈도 잘 발달된 편이어서 날개를 세차게 퍼덕이며 하늘을 날았을 것으로 추정된다. 뒷다리뼈는 가늘고 짧은 탓에 땅 위를 잘 걷지는 못했을 것이다. 꼬리는 길고 뻣뻣해 하늘을 날 때 몸의 방향을 바꾸는 데 적합했을 것이다. '오공의 날개'라는 뜻의 이름은 고전 소설 『서유기』의 주인공인 손오공을 기리기 위해 붙여졌다.

중국의 고동물학 박물관에 전시된 우콩곱테루스 화석
ⓒ Jonathan Chen

이름 뜻: 오공의 날개
시대: 1억 6700만 년 전~1억 5000만 년 전(쥐라기 중·후기)
분포: 중국 날개폭: 73센티미터 먹이: 곤충

욱테나닥틸루스 *Uktenadactylus*

프테로닥틸루스형류 모노페네스트라타류 프테로닥틸루스상과 프테라노돈상과 오르니토케이루스과

길이 15센티미터 정도인 위턱뼈 끝부분만 발견됐다. 주둥이 끝이 뾰족하지 않고 직사각형에 가깝다. 욱테나닥틸루스는 넓적한 주둥이 끝을 이용해 물고기를 건져 먹었을 것이다. 살짝 솟아오른 콧등에는 아마도 오르니토케이루스의 것과 비슷한 둥근 볏이 있었을 것이다.

욱테나닥틸루스의 두 번째 앞니는 다른 이빨보다 꽤 큰데, 비슷한 시기에 영국에서 살았던 또 다른 오르니토케이루스과인 콜로보린쿠스도 다른 이빨보다 꽤 큰 앞니를 가지고 있다. 그래서 과학자들은 백악기에 오르니토케이루스과 익룡들이 유럽과 북아메리카 대륙 사이를 오갔을 것으로 추정하고 있다. 욱테나닥틸루스는 우리나라의 '1호 공룡 박사' 이융남 교수가 처음 보고한 익룡이기도 하다.

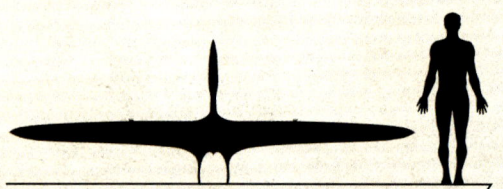

이름 뜻: 욱테나의 손가락
시대: 1억 500만 년 전~9900만 년 전(백악기)
분포: 미국 날개폭: 4미터로 추정 먹이: 물고기

이답테루스 *Jidapterus*

프테로닥틸루스형류   모노페네스트라타류   프테로닥틸루스상과   아즈다르코상과   카오이앙곱테루스과

머리 길이가 약 12센티미터다. 주둥이는 길쭉하고 뾰족하며 이빨은 없다. 콧등에는 낮은 볏이 솟아 있다. 목뼈 4개가 나머지 목뼈보다 유난히 짧다는 점에서 다른 카오이앙곱테루스과 익룡들과 다르다. 날개뼈와 뒷다리뼈가 굵고 발바닥이 튼튼해서 땅 위를 성큼성큼 잘 걸어 다녔을 것으로 추정된다. 호수 주변을 돌아다니는 작은 도마뱀이나 포유류를 잡아먹었을 것이다.

이답테루스가 속한 카오이앙곱테루스과 익룡들은 종류가 적은 편이다. 몇몇 과학자들은 카오이앙곱테루스과 익룡들이 다양한 먹이를 먹지 않아서 다양한 모습으로 진화하지 못한 것으로 보고 있다. 카오이앙곱테루스과와 같은 시기에 살았던 타페야라과 익룡들은 다양한 종류로 진화했기 때문이다. 이들은 과일부터 고기까지 다양한 먹이를 먹을 줄 알았다. '이답테루스'는 '길림의 날개'라는 뜻이다. 이답테루스의 유일한 화석을 보관하고 있는 중국의 길림 대학교를 기념해 붙여진 이름이다.

중국의 길림 대학교에서 보관하고 있는 이답테루스 화석
ⓒ Wen-Hao Wu, Chang-Fu Zhou, Brian Andres

이름 뜻: 길림의 날개
시대: 1억 2500만 년 전~1억 1200만 년 전(백악기 전기)
분포: 중국   날개폭: 1.7미터   먹이: 작은 도마뱀이나 포유류

이베로닥틸루스 *Iberodactylus*

프테로닥틸루스형류   모노페네스트라타류   프테로닥틸루스상과   프테라노돈상과   하밉테루스과

길이가 약 20센티미터인 둥근 턱뼈 끝부분만 발견됐다. 위턱에서 앞니가 있어야 할 곳 바로 위에 뼈로 된 볏이 하나 솟아 있다. 볏이 똑바로 뻗은 또 다른 하밉테루스과 익룡인 하밉테루스와는 달리 이 볏은 앞을 향해 약 80도로 기울어져 있다. 아마도 이성을 유혹하는 데 쓰였을 것이다. 이빨은 아쉽게도 발견되지 않았지만 하밉테루스처럼 고깔 모양이었을 것으로 추정된다. '이베로닥틸루스'라는 이름은 '이베리아의 손가락'이라는 뜻을 가지고 있다. '이베리아'란 이 익룡이 발견된 스페인이 위치한 이베리아반도를 가리킨다.

스페인 사라고사 대학교의 자연사 박물관에 보관 중인 이베로닥틸루스 턱뼈 화석
ⓒ Borja Holgado et al.

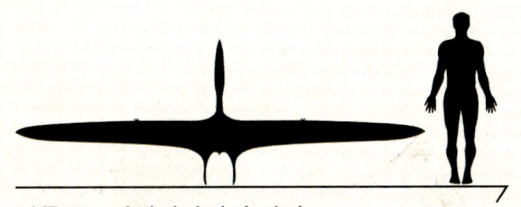

이름 뜻: 이베리아의 손가락
시대: 1억 3000만 년 전~1억 2500만 년 전(백악기 전기)
분포: 스페인 날개폭: 4미터로 추정 먹이: 물고기로 추정

이스티오닥틸루스 *Istiodactylus*

프테로닥틸루스형류　모노페네스트라타류　프테로닥틸루스상과　프테라노돈상과　**이스티오닥틸루스과**

머리 길이가 약 45센티미터다. 주둥이는 납작하고 둥글다. 이빨은 모두 주둥이 앞쪽에 모여 있다. 윗니와 아랫니 모두 24개씩 있다. 이빨은 폭이 좁다. 요리용 집게처럼 생긴 주둥이를 이용해 작은 동물을 잡았을 것이다. 어떤 과학자들은 이들이 죽은 공룡을 뜯어 먹었을 것으로 보고 있다. 목은 몸통과 길이가 비슷하다.

날개는 긴 편이어서 날갯짓을 많이 하지 않아도 먼 거리를 쉽게 날아갈 수 있었을 것이다. 긴 날개가 마치 요트의 돛처럼 생겨서 그리스어로 '돛 손가락'이란 뜻의 이름을 얻게 되었다.

이스티오닥틸루스가 마치 박쥐처럼 뒷발을 이용해 나무에 매달릴 수 있었다고 주장한 과학자들도 있었다. 하지만 몸에 비해 뒷발이 작은 편이어서 나무에 매달리기는 불가능했을 것이다. 2006년에 중국에서도 이스티오닥틸루스의 뼈대 화석이 보고된 적이 있다. 하지만 몇몇 과학자들은 중국에서 발견된 이 화석이 이스티오닥틸루스가 아닌 리아오십테루스의 한 종류일 것으로 보고 있다.

영국의 런던 자연사 박물관에 보관 중인 이스티오닥틸루스 머리뼈 화석　ⓒ Mark P. Witton

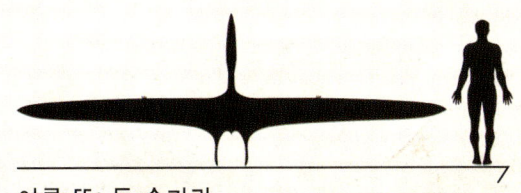

이름 뜻: 돛 손가락
시대: 1억 2500만 년 전~1억 2200만 년 전(백악기 전기)
분포: 영국   날개폭: 5미터   먹이: 작은 동물이나 동물 사체

이앙칸그나투스 *Jianchangnathus*

람포린쿠스과

옆에서 바라봤을 때 머리가 직사각형에 가깝다. 머리 길이는 15센티미터다. 주둥이에는 바늘처럼 길고 뾰족한 이빨들이 솟아 있다. 앞니가 가장 길며 위턱에는 20개, 아래턱에는 10개의 이빨이 나 있다. 주둥이 뒤쪽으로 갈수록 이빨 길이가 짧아진다. 위턱에 난 이빨은 살짝 앞을 향해 뻗어 있다. 이앙칸그나투스의 가장 큰 특징은 바로 아래턱뼈 모양이다. 아래턱뼈 끝부분이 두껍고 살짝 아래로 휘어져 있다. 이런 특이한 아래턱뼈를 가진 람포린쿠스과 익룡은 이앙칸그나투스가 유일하다.

또한 이앙칸그나투스는 비슷한 종류의 익룡인 스카포그나투스보다 콧구멍이 작다. 목은 몸통보다 짧고, 위앞다리뼈도 짧은 편이다. 발톱이 갈고리같이 생겨서 나무를 잘 기어올랐을 것이다. 스카포그나투스와 마찬가지로 나무와 나무 사이를 날아다니며 작은 곤충이나 도마뱀 등을 잡아먹었을 것으로 보고 있다. 긴 꼬리는 하늘을 날 때 몸의 방향을 바꿔 주는 역할을 했을 것이다.

'이앙칸그나투스'라는 이름은 '젠창의 턱'이라는 뜻을 가지고 있다. '젠창'은 이 익룡의 화석이 발견된 지역의 이름이다.

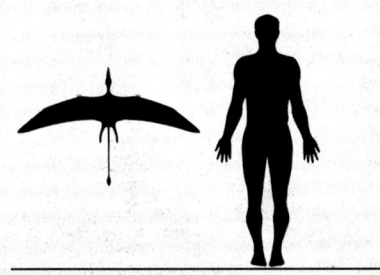

이름 뜻: 젠창의 턱
시대: 1억 6100만 년 전~1억 5500만 년 전(쥐라기 후기)
분포: 중국 날개폭: 1.2미터 먹이: 곤충을 포함한 작은 동물

이크란드라코 *Ikrandraco*

프테로닥틸루스형류   모노페네스트라타류   프테로닥틸루스상과   프테라노돈상과

지금까지 두 마리가 화석으로 발견됐다. 머리 길이는 30센티미터 정도이며, 주둥이가 길쭉하다. 고깔 모양의 이빨이 위턱에 42개, 아래턱에 38개가 나 있다. 앞니는 촘촘하게, 뒷니는 드문드문하게 났다. 아래턱 끝에는 얇고 둥근 볏이 솟아 있다. 이 아래턱의 볏은 안항구에라와 같은 익룡들의 볏보다는 넓적한 편이다.

이크란드라코를 처음 연구한 과학자들은 이 익룡이 얇은 볏으로 물 위를 가르며 물고기를 잡았을 것이라고 생각했다. 하지만 아래턱을 물에 담근 채 날았다가는 아마도 목이 부러졌을 것이다. 그래서 오늘날의 과학자들은 이크란드라코가 다른 익룡들과 마찬가지로 이성을 유혹하는 데 볏을 썼을 것으로 보고 있다. '이크란드라코'란 이름은 '이크란 용'이란 뜻을 가지고 있다. '이크란'은 2009년에 개봉한 영화 <아바타>에 나오는 날짐승의 이름이다. 영화 속 이크란도 이크란드라코처럼 아래턱에 볏이 솟아 있다.

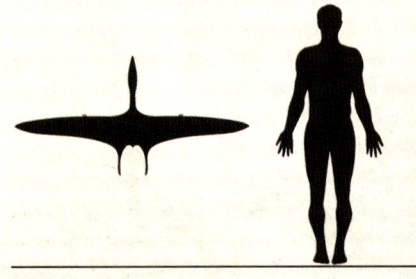

이름 뜻: 이크란 용
시대: 1억 2500만 년 전~1억 1200만 년 전(백악기 전기)
분포: 중국 날개폭: 1.5미터 먹이: 물고기

제니우아놉테루스 *Zhenyuanopterus*

프테로닥틸루스형류　모노페네스트라타류　프테로닥틸루스상과　프테라노돈상과　보레옵테루스과

지금까지 두 마리가 화석으로 발견됐다. 머리 길이는 약 54센티미터다. 머리는 납작하고 길쭉하다. 위턱과 아래턱에 이빨이 각각 86개씩 솟아 있다. 이빨은 길쭉한 고깔 모양이고, 뒤로 살짝 휘어져 있다. 앞니의 길이는 최대 5센티미터이며, 주둥이 뒤쪽으로 갈수록 이빨 길이가 짧아진다. 이빨은 거의 주둥이 뒤쪽 끝까지 나 있다. 콧등에는 얇은 뼈로 된 볏이 하나 솟아 있다. 이 볏은 옆에서 봤을 때 사다리꼴 모양이다.

눈은 작은 편이고, 목이 몸통만큼 길다. 날개는 몸에 비해 긴 편이다. 날개를 이루는 뼈들이 크고 튼튼해서 제니우아놉테루스가 절벽에 매달려서 살았을 것이라고 생각하는 과학자들도 있다.

제니우아롭테루스는 특이하게도 뒷발이 매우 작다. 그래서 물 근처에서 사는 다른 익룡들과 달리 헤엄을 치지는 못했을 것으로 추정된다. 아마도 물이 얕은 호숫가나 고여 있는 작은 물웅덩이에 가만히 서 있다가 작은 양서류나 물고기를 잡아먹었는지도 모른다. 이 익룡의 화석은 선젠얀이란 중국인이 처음 발견했다. 그는 이 화석을 구이린 지질 박물관에 기증했고, 이것을 처음 연구한 과학자는 감사의 의미에서 이 익룡에게 그의 이름을 붙여 줬다. 화석을 과학자들에게 양보하면 이런 좋은 일도 생긴다.

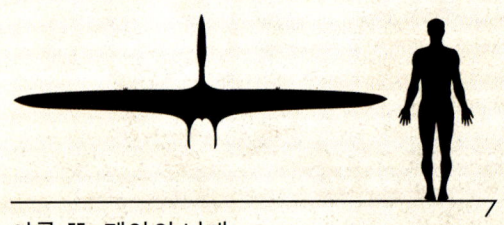

이름 뜻: 젠얀의 날개
시대: 1억 3000만 년 전~1억 2200만 년 전(백악기 전기)
분포: 중국　날개폭: 3.5미터　먹이: 작은 양서류나 물고기

제르마노닥틸루스 *Germanodactylus*

프테로닥틸루스형류　모노페네스트라타류　프테로닥틸루스상과　아르카이옵테로닥틸루스상과　제르마노닥틸루스과

주둥이가 뾰족하며 끝에는 이빨이 없다. 이빨은 삼각형 모양이고 짧다. 주둥이 뒤쪽으로 갈수록 더 짧아진다. 콧등에서 정수리까지 얇은 연부 조직으로 이루어진 볏이 하나 낮게 솟아 있다. 이 볏은 삼각형 모양이다. 목은 몸통과 길이가 비슷하다. 날개는 짧은 편이어서 먼 거리를 날아다니지는 않았을 것이다.

제르마노닥틸루스는 두 가지 종류로 구분된다. 하나는 몸집이 약간 더 크고 이빨이 60개 나 있고, 다른 하나는 몸집이 작고 이빨이 50개 나 있다. 이 두 종류는 아마도 서로 다른 먹이를 먹었을 것이다. 바닷가나 석호 주변을 돌아다니며 작은 도마뱀이나 물고기 등을 잡아먹었을 것으로 추정된다. 같은 시기, 같은 지역에 살았던 프테로닥틸루스와 비슷해서 과학자들이 한때 헷갈렸던 적이 있다. 독일에서만 화석이 발견되기 때문에 그리스어로 '독일의 손가락'이란 뜻의 '제르마노닥틸루스'란 이름을 얻게 되었다.

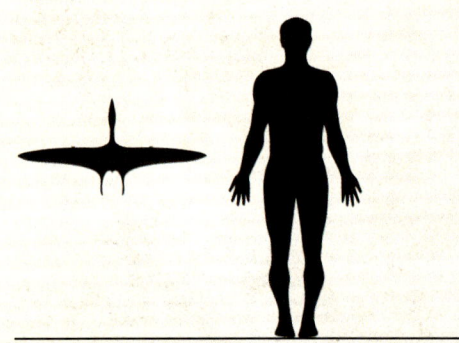

이름 뜻: 독일의 손가락
시대: 1억 5000만 년 전~1억 4500만 년 전(쥐라기 후기)
분포: 독일　날개폭: 1미터　먹이: 작은 도마뱀이나 물고기

제이앙곱테루스 *Zhejiangopterus*

프테로닥틸루스형류   모노페네스트라타류   프테로닥틸루스상과   아즈다르코상과   아즈다르코과

아즈다르코과 익룡 중에서 가장 많은 화석이 발견된 종류다. 총 6마리가 보고됐다. 머리가 길쭉하며 이마가 볼록하게 솟아 있다. 아래턱은 납작하다. 주둥이는 뾰족하고 이빨이 없다. 가느다란 목은 몸통보다 두 배 정도 길다. 목뼈는 7개다. 날개를 이루는 앞발가락뼈는 짧지만 앞발바닥뼈가 길다. 뒷다리뼈도 긴 편이다. 긴 다리로 성큼성큼 걸어 다니며 작은 공룡이나 포유류를 잡아먹었을 것이다. 제이앙곱테루스의 화석은 지금까지 알려진 아즈다르코과 익룡 중에서 가장 보존이 잘됐다. 화석이 거의 발견되지 않은 케찰코아틀루스나 아람보우르기아니아의 모습은 사실 제이앙곱테루스의 뼈대를 참고해 복원한 것이다.

이름 뜻: 저장의 날개
시대: 8400만 년 전~7000만 년 전 (백악기 후기)
분포: 중국   날개폭: 3.5미터   먹이: 작은 공룡, 포유류, 도마뱀

제젭테루스 *Gegepterus*

프테로닥틸루스형류　모노페네스트라타류　**프테로닥틸루스상과**　아르카이옵테로닥틸루스상과　크테노카스마과

머리뼈가 납작하고 길쭉하다. 주둥이에는 바늘같이 생긴 가느다란 이빨이 150개 정도 솟아 있다. 이빨은 주둥이 끝부터 중간까지에만 나 있다. 과학자들은 제젭테루스가 가는 이빨들로 물에서 작은 새우 등을 걸러 먹었을 것으로 보고 있다. 머리의 뒷부분이 둥글고, 목은 몸통만큼 길다. 몸에 비해 뒷발이 큰 편이어서 땅 위를 걸어 다니는 일이 많았을 것으로 추정된다. 발가락 사이에 물갈퀴가 있어서 발길질을 하며 헤엄을 쳤는지도 모른다. 제젭테루스의 가냘픈 모습이 마치 공주 같다 해서 '공주의 날개'라는 뜻의 이름을 얻게 되었다.

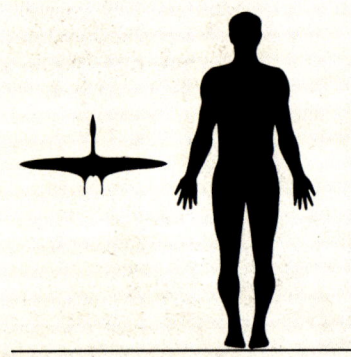

이름 뜻: 공주의 날개
시대: 1억 3000만 년 전~1억 2200만 년 전 (백악기 전기)
분포: 중국　날개폭: 60센티미터　먹이: 작은 갑각류

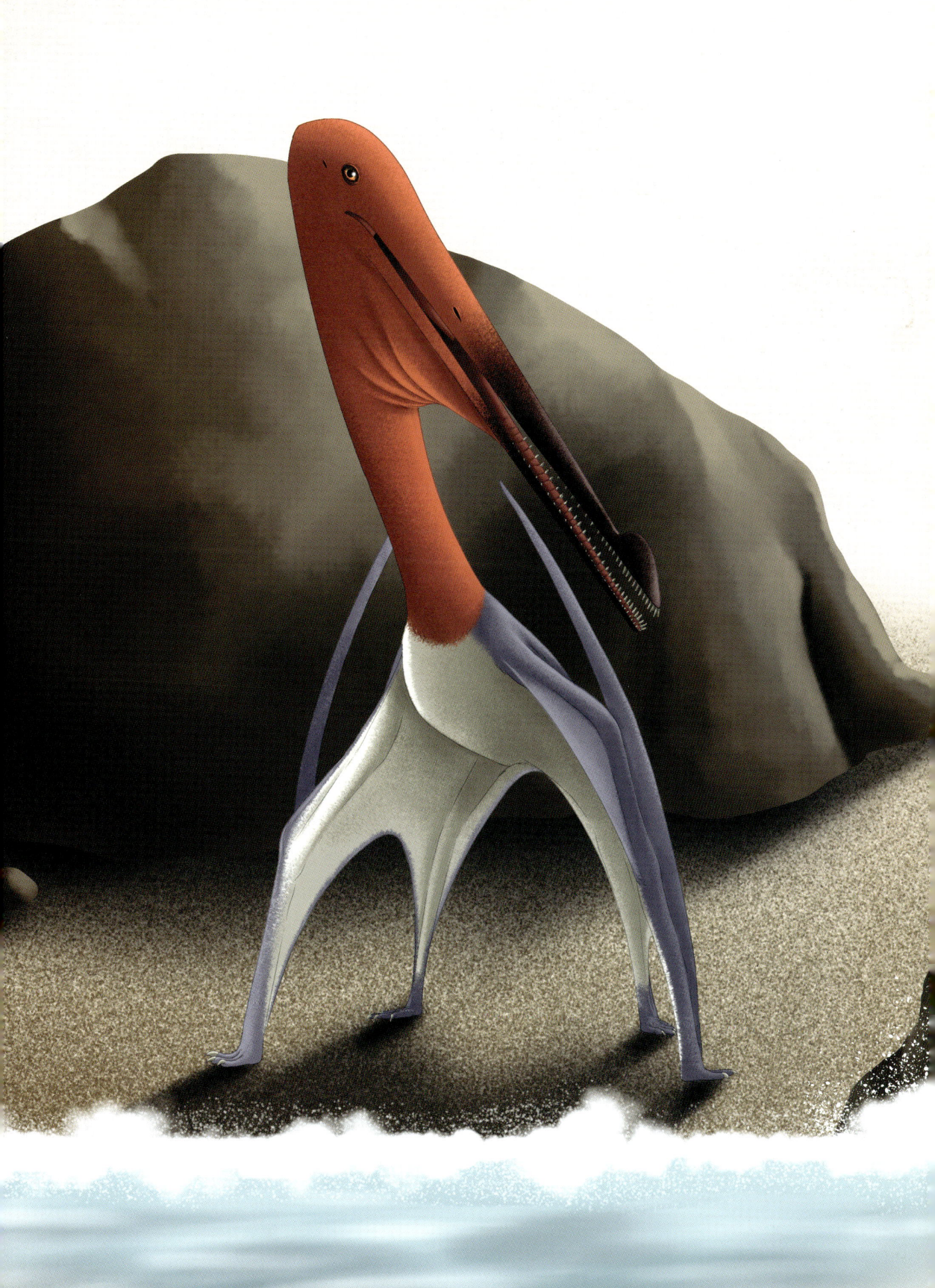

카르니아닥틸루스 *Carniadactylus*

에오프테로사우루스류 에우디모르포돈과

카르니아닥틸루스의 유일한 화석은 이탈리아의 한 절벽 밑에서 발견됐다. 절벽에 붙어 있던 화석이 땅으로 떨어진 것으로 여겨진다. 다행히도 화석이 많이 부서지지는 않았다. 주둥이 뒤쪽에는 나뭇잎 모양의 이빨이 솟아 있다. 주둥이 끝부분이 부서진 채로 발견되는 바람에 앞니는 발견되지 않았다. 하지만 아마도 다른 에우디모르포돈과 익룡처럼 뾰족한 고깔 모양일 것이다.

처음에 과학자들은 카르니아닥틸루스가 이탈리아의 또 다른 익룡인 에우디모르포돈의 한 종류인 줄 알았다. 하지만 카르니아닥틸루스는 에우디모르포돈보다 오래전에 살았으며 가슴뼈도 더 넓고 두껍다. 어쩌면 에우디모르포돈보다 더 힘차게 날갯짓을 하며 하늘을 날았는지도 모른다. 화석이 발견된 절벽이 이탈리아의 '카르니아'라는 지역에 있어서 그리스어로 '카르니아의 손가락'이란 이름을 얻게 되었다.

이탈리아의 프리울리안 자연사 박물관에 보관 중인 카르니아닥틸루스 화석 ⓒ F.M. Dalla Vecchia

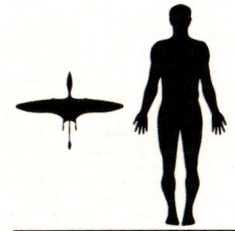

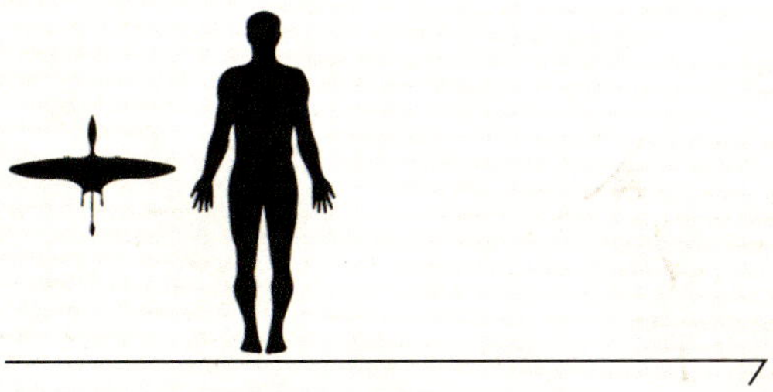

이름 뜻: 카르니아의 손가락
시대: 2억 1500만 년 전~2억 1200만 년 전(트라이아스기 후기)
분포: 이탈리아 날개폭: 70센티미터 먹이: 물고기

카비라무스 *Caviramus*

에오프테로사우루스류 에우디모르포돈과

옆에서 봤을 때 머리가 직사각형이다. 주둥이 안에는 두 가지 모양의 이빨이 나 있다. 앞니는 고깔 모양이며, 뒷니는 나뭇잎 모양이다. 아마도 앞니로 먹이를 물고 뒷니로 야금야금 씹어 먹었을 것이다. 주둥이 끝부분부터 콧등까지 삼각형의 얇은 뼈로 된 볏이 솟아 있다. 이 볏 위로는 연부 조직이 붙어 있었을 것이다. 눈은 큰 편이다. 아래턱의 앞쪽이 뒤쪽보다 두껍다.

날개는 길고 얇았다. 날개를 이루는 뼈들이 가늘어서 힘차게 날갯짓을 하지는 못했을 것으로 추정된다. 어쩌면 갈매기처럼 바닷가를 따라 바람을 타고 날아다녔을 것이다. 맨 처음에 발견된 카비라무스의 화석은 부서진 아래턱뼈였다. 아래턱의 속은 비어 있었는데, 과학자들은 이것이 마치 속이 빈 나뭇가지 같다고 생각했다. 카비라무스라는 이름은 이런 이유로 붙여졌다.

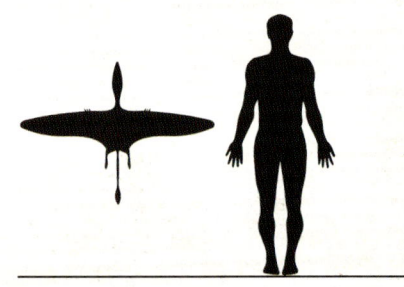

이름 뜻: 속 빈 나뭇가지
시대: 2억 1200만 년 전~2억 100만 년 전(트라이아스기 후기)
분포: 스위스 날개폭: 1.3미터 먹이: 물고기, 곤충, 식물

카오이앙곱테루스 *Chaoyangopterus*

프테로닥틸루스형류　모노페네스트라타류　프테로닥틸루스상과　아즈다르코상과　카오이앙곱테루스과

머리뼈가 부서진 채로 발견되긴 했지만 길이가 약 30센티미터는 되었을 것으로 추정된다. 주둥이는 뾰족하고 위로 살짝 휘어져 있으며, 이빨은 없다. 주둥이가 닉토사우루스와 비슷해서 한때 과학자들은 이 익룡이 닉토사우루스과에 속하는 줄 알았다. 하지만 뒷다리뼈가 튼튼하고 앞발바닥뼈가 짧은 편이라 지금은 전혀 다른 익룡으로 보고 있다. 튼튼한 뒷다리로 땅 위를 잘 걸어 다녔을 것으로 여겨진다. 크고 잘 발달된 가슴뼈와 근육을 가지고 있어서 힘차게 날갯짓을 했을 것이다. 작은 도마뱀이나 포유류를 잡아먹고 살았을 것으로 여겨진다. '카오이앙곱테루스'라는 이름은 '차오양의 날개'라는 뜻이다. 차오양은 이 익룡이 발견된 지역이다.

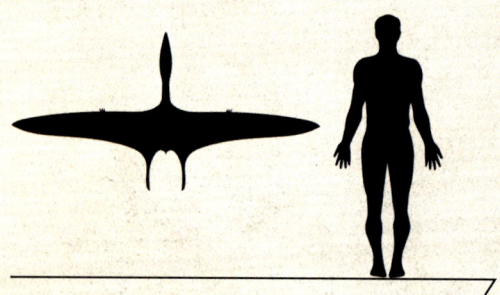

이름 뜻: 차오양의 날개
시대: 1억 2500만 년 전~1억 1200만 년 전(백악기 전기)
분포: 중국　날개폭: 2미터　먹이: 작은 동물

카이우아야라 *Caiuajara*

프테로닥틸루스형류   모노페네스트라타류   프테로닥틸루스상과   아즈다르코상과   타페야라과

다른 타페야라과 익룡처럼 턱의 끝부분이 아래로 휘어졌다. 이빨은 없다. 위턱에서 뒤통수까지 얇은 뼈로 된 커다란 볏이 솟아 있다. 어른 카이우아야라의 볏은 위를 향해 똑바로 솟아 있다. 반면에 새끼 카이우아야라는 볏이 뒤쪽으로 기울어져 있다.

카이우아야라는 사막에서 살았다. 20㎡ 정도 되는 좁은 장소에서 약 47마리의 화석이 발견된 적이 있다. 과학자들은 그곳이 카이우아야라 무리가 즐겨 찾던 웅덩이였을 것으로 보고 있다. 거대한 모래 폭풍에 휩쓸렸거나, 가뭄 탓에 웅덩이가 말라 버려 익룡들이 한꺼번에 떼죽음을 당했을 것으로 여겨진다.

발견된 익룡 화석 중에는 새끼와 청소년기에 해당하는 카이우아야라도 있었다. 그래서 과학자들은 새끼 익룡들이 어른과 함께 하늘을 날며 이동했을 것으로 보고 있다. 카이우아야라의 화석이 발견된 지층은 '카이우아 층군'이라 불리는 여러 지층 중 하나다. '카이우아야라'라는 이름은 바로 카이우아 층군에서 따온 것이다.

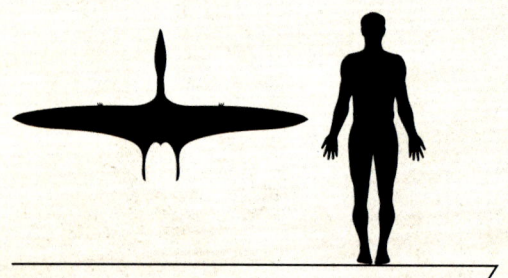

이름 뜻: 카이우아 타페야라
시대: 9400만 년 전~7000만 년 전(백악기 후기)
분포: 브라질 날개폭: 2.3미터 먹이: 작은 동물, 과일

카일레스티벤투스 *Caelestiventus*

디모르포돈류

머리 길이가 약 20센티미터다. 위턱과 아래턱 뒤쪽에는 각각 24개, 80개의 이빨이 솟아 있다. 윗니는 길이가 4센티미터 정도로 드문드문하게 나 있다. 반면에 아랫니는 길이가 약 2밀리미터로 촘촘히 나 있다. 눈은 살짝 앞을 향해 있고, 아래턱은 위턱보다 많이 얇다. 카일레스티벤투스는 사막에서 살았던 익룡 중에 가장 오래전에 살았던 익룡이다. 라틴어로 '천국의 바람'이라는 뜻의 이름은 하늘을 날아다니던 이 익룡의 모습을 과학자들이 시적으로 표현한 것이다.

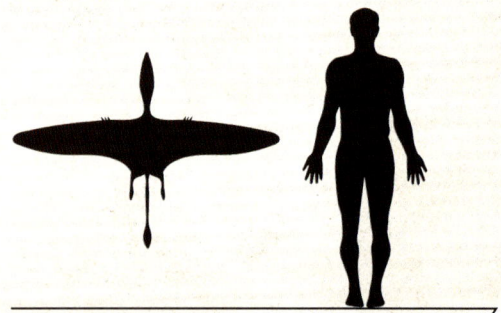

이름 뜻: 천국의 바람
시대: 2억 3500만 년 전~2억 100만 년 전(트라이아스기 후기)
분포: 미국 날개폭: 1.5미터 먹이: 작은 동물

캄필로그나토이데스
Campylognathoides

캄필로그나토이데스과

주둥이에 최대 66개의 이빨이 솟아 있다. 이빨은 짧고 뾰족하며 뒤로 살짝 휘어져 있다. 네 번째 앞니가 가장 큰 이빨이다. 눈이 큰 편이어서 어떤 과학자들은 캄필로그나토이데스가 야행성이었다고 생각한다. 아래턱은 위턱보다 얇고 끝부분이 살짝 아래로 휘어져 있다. 그리스어로 '휘어진 턱'이란 뜻의 이름은 아래턱 때문에 붙여진 것이다.

목은 몸통보다 짧으며, 날개는 튼튼하고 길다. 그래서 어떤 과학자는 캄필로그나토이데스가 공중에서 아주 빠르게 날아다닐 수 있었을 것으로 본다. 어쩌면 오늘날의 매처럼 하늘 높이 떠 있다가 땅 위의 작은 도마뱀이나 포유류를 발견하면 쏜살같이 내려와 덮쳤는지도 모른다. 공중에서 곤충을 낚아채기도 했을 것이다.

꼬리는 몸통보다 거의 4배나 더 길다. 하지만 꼬리뼈들이 서로 포개져 있어서 뻣뻣했다. 캄필로그나토이데스는 하늘을 날 때 꼬리를 이용해 몸의 방향을 바꾸었을 것이다. 원래 이 익룡의 이름은 '캄필로그나투스'였다. 하지만 이것이 이미 노린재의 한 종류에게 붙여 준 이름이어서 '캄필로그나토이데스'로 이름을 바꿔야 했다. 이름 뜻은 똑같다.

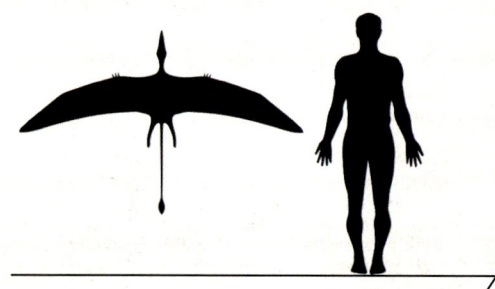

이름 뜻: 휘어진 턱
시대: 1억 8300만 년 전~1억 7100만 년 전 (쥐라기 전·중기)
분포: 독일 날개폭: 1.8미터 먹이: 작은 동물

캉켕곱테루스 *Changchengopterus*

우콩곱테루스과로 추정

완벽한 머리뼈가 발견된 적이 없다. 그렇다 보니 머리 모양을 정확히 알 수가 없다. 목은 몸통보다 짧다. 날개는 짧은 편이다. 허벅지뼈가 종아리뼈보다 짧은 점도 특징이다. 꼬리뼈는 서로 포개져서 꼬리가 뻣뻣했다. 뻣뻣한 꼬리는 하늘을 날 때 몸의 방향을 바꾸는 데 쓰였을 것이다. 캉켕곱테루스는 목뼈가 조금 긴 편이고, 날개를 이루는 앞발가락뼈 중 첫 번째 것이 제일 짧아서 이 익룡을 우콩곱테루스과로 분류하는 과학자들이 있다. 하지만 캉켕곱테루스의 머리뼈가 발견되지 않는 이상 알 길이 없다. 캉켕곱테루스가 처음 발견된 장소는 중국의 만리장성과 가까운 곳이다. '장성의 날개'란 뜻의 이름에서 '장성'이란 바로 만리장성을 가리킨다.

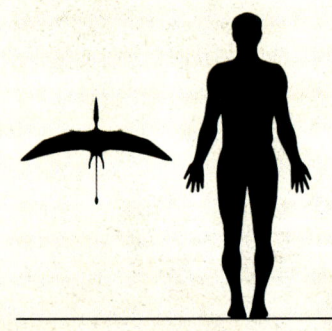

이름 뜻: 장성의 날개
시대: 1억 6700만 년 전~1억 5000만 년 전(쥐라기 중·후기)
분포: 중국 날개폭: 70센티미터 먹이: 작은 동물로 추정

케찰코아틀루스 *Quetzalcoatlus*

프테로닥틸루스형류   모노페네스트라타류   프테로닥틸루스상과   아즈다르코상과   아즈다르코과

주둥이가 길고 뾰족하며 이빨은 없다. 정수리에는 뼈로 된 얇고 낮은 볏이 솟아 있다. 목은 몸통보다 조금 더 길다. 날개를 이루는 뼈 중 앞발바닥뼈가 가장 길다. 날개는 짧지만 넓은 편이다. 날갯짓을 거의 하지 않고 바람을 타며 하늘을 날았을 것으로 추정된다. 뒷다리가 긴 편이어서 땅 위를 성큼성큼 걸으며 작은 악어나 공룡, 포유류를 잡아먹었을 것이다.

지금까지 두 종류의 케찰코아틀루스가 발견됐다. 한 종류는 날개폭이 10미터나 되고, 다른 종류는 5미터 정도 된다. 어쩌면 서로 다른 크기의 먹이를 먹었기 때문에 크기가 달랐을 수 있다. 몸집이 큰 종류는 날개를 이루는 위앞다리뼈, 아래앞다리뼈, 네 번째 앞발가락뼈 일부만 발견됐다. 그렇다 보니 몸집이 큰 종류에 대해서는 알려진 것이 거의 없다. 어떤 과학자들은 이들이 몸집이 워낙 커서 하늘을 날지 못했을 것이라고 생각한다. '케찰코아틀루스'란 이름은 아즈텍 신화에 등장하는 뱀 신의 이름인 '케찰코아틀'에서 따왔다.

이름 뜻: 케찰코아틀
시대: 7000만 년 전~6600만 년 전(백악기 후기)
분포: 미국 날개폭: 최대 10미터 먹이: 작은 악어, 공룡, 포유류

콜로보린쿠스 *Coloborhynchus*

프테로닥틸루스형류   모노페네스트라타류   프테로닥틸루스상과   프테라노돈상과   안항구에라과

주둥이 끝부분을 이루는 뼈 두 조각만 발견됐다. 길이는 3센티미터에서 6센티미터 정도다. 가까운 친척인 안항구에라는 아래턱 끝부분이 둥근 반면에 콜로보린쿠스는 네모나다. 그리고 콜로보린쿠스는 두 번째부터 네 번째 앞니가 살짝 바깥쪽으로 뻗어 있다. 이는 다른 안항구에라과 익룡에서 볼 수 없는 특징이다.

주둥이 뼈 조각만 발견됐기 때문에 그리스어로 '불완전한 부리'라는 뜻의 이름을 얻게 되었다. 이 익룡에게 이름을 붙여 준 사람은 19세기 영국의 과학자 리처드 오언이다. 오언은 공룡을 뜻하는 단어 '디노사우르(dinosaur)'를 처음 만든 사람이기도 하다. 콜로보린쿠스는 강 주위를 날아다니며 물고기를 잡아먹었을 것이다.

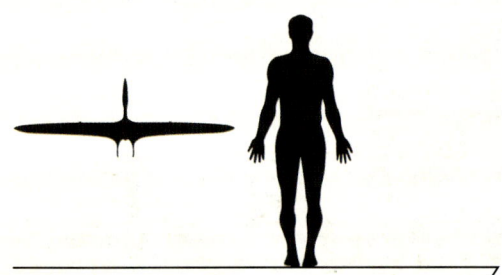

이름 뜻: 불완전한 부리
시대: 1억 4500만 년 전~1억 3600만 년 전(백악기 전기)
분포: 영국   날개폭: 1.5미터로 추정   먹이: 물고기

쿠스피케팔루스 *Cuspicephalus*

프테로닥틸루스형류 모노페네스트라타류 우콩곱테루스과

위턱뼈만 발견됐다. 발견된 위턱뼈의 길이는 32센티미터, 높이는 약 5센티미터다. 주둥이는 길쭉하고 뾰족하다. 라틴어로 '뾰족한 머리'를 뜻하는 이름을 얻게 된 이유다. 60개 정도의 이빨이 주둥이 끝부터 중간까지 나 있다. 콧등에는 뼈로 된 얇은 볏이 하나 솟아 있다. 아마 쿠스피케팔루스가 살아 있었을 때는 얇은 연부 조직이 볏 위에 붙어 있었을 것으로 여겨진다. 이 볏은 이성을 유혹하는 데 쓰였을 것이다. 몸통은 다른 우콩곱테루스과 익룡과 비슷했을 것이다. 쿠스피케팔루스는 유럽에서 처음으로 보고된 우콩곱테루스과 익룡이다. 이들은 바닷가에서 살았다.

이름 뜻: 뾰족한 머리
시대: 1억 5500만 년 전~1억 5000만 년 전 (쥐라기 후기)
분포: 영국 날개폭: 1.2미터로 추정 먹이: 작은 동물

쿤펭곱테루스 *Kunpengopterus*

프테로닥틸루스형류   모노페네스트라타류   우콩곱테루스과

정수리에 솟은 볏이 연부 조직으로만 이루어져 있다. 다른 우콩곱테루스과 익룡에게서는 볼 수 없는 특징이다. 주둥이는 길쭉하고, 이빨은 고깔 모양이며 짧다. 목은 몸통보다 조금 짧다. 날개는 짧아서 아마도 날갯짓을 많이 하며 하늘을 날았을 것이다. 다리가 튼튼한 편은 아니어서 땅으로 내려오는 경우는 거의 없었을 것이다. 주로 나무 위에서 살았을 것으로 여겨진다. 길고 뻣뻣한 꼬리는 하늘을 날 때 몸의 방향을 바꾸는 역할을 했을 것이다.

배와 골반 부위에 알이 두 개나 들어 있는 쿤펭곱테루스의 화석이 발견된 적도 있다. 이런 특징은 한 번에 알을 한 개씩만 낳는 새와 다르다. 껍데기가 단단하고 무거운 새알과 달리 익룡의 알은 부드럽고 가벼운 가죽질로 둘러싸여 있다. 그래서 익룡은 배 속에 알을 두 개나 품고도 하늘을 날 수 있었던 것 같다. '쿤과 펭의 날개'란 뜻의 이름은 중국 신화에 등장하는 동물인 쿤과 펭에서 따왔다. '쿤'은 거대한 바다 생물인데, 하루에 9만 리나 날아갈 수 있는 새인 '펭'으로 변신한다.

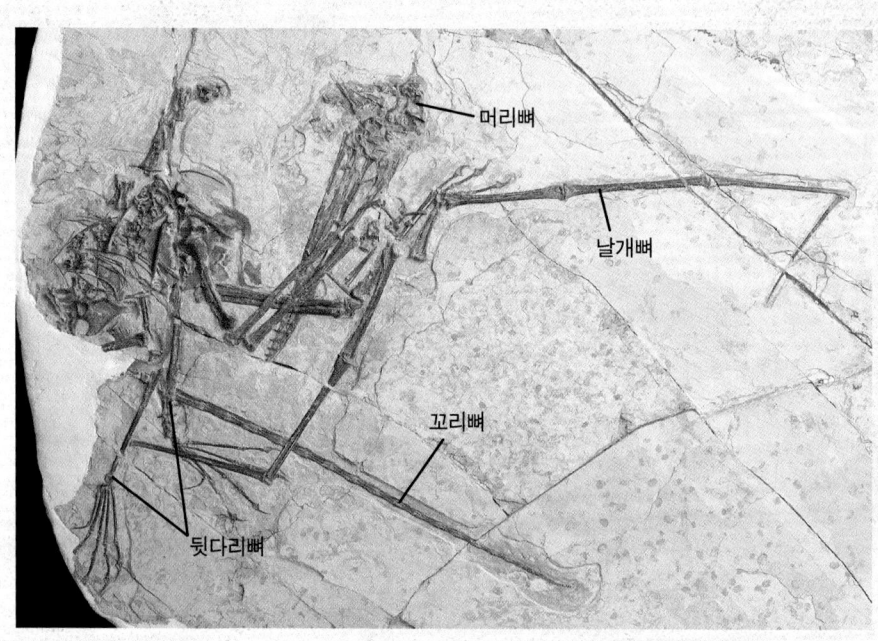

중국의 고생물 고인류 연구소에서 보관하고 있는 쿤펭곱테루스 화석
ⓒ Xin Cheng, Shunxing Jiang, Xiaolin Wang, Alexander W.A. Kellner

이름 뜻: 쿤과 펭의 날개
시대: 1억 6700만 년 전~1억 5000만 년 전 (쥐라기 중·후기)
분포: 중국 날개폭: 90센티미터 먹이: 곤충

크리오드라콘 *Cryodrakon*

프테로닥틸루스형류   모노페네스트라타류   프테로닥틸루스상과   아즈다르코상과   아즈다르코과

지금까지 15마리나 보고됐다. 하지만 목뼈와 다리뼈 위주로 많이 발견됐다. 목이 길지만 유연하지는 않았다. 짧지만 넓은 날개로 날갯짓을 거의 하지 않고도 바람을 타며 하늘을 날 수 있었다. 다리가 튼튼해서 땅 위를 걸어 다니며 포유류나 작은 공룡을 잡아먹었을 것이다.

생김새가 케찰코아틀루스와 비슷해서 한때 케찰코아틀루스의 한 종류로 분류되기도 했다. 하지만 크리오드라콘은 케찰코아틀루스보다 목뼈가 짧고 위앞다리뼈는 더 두껍다. 크리오드라콘의 화석은 캐나다의 공룡 주립 공원에서만 발견된다. 세계 최대의 공룡 화석 발굴지 중 하나인 이 일대는 평균 기온이 3.8도밖에 안 되는 추운 곳이다. 그래서 이 익룡에게 그리스어로 '차가운 용'이란 뜻의 이름을 붙여 주게 되었다. 하지만 크리오드라콘이 살던 당시의 기후는 지금만큼 춥진 않았다.

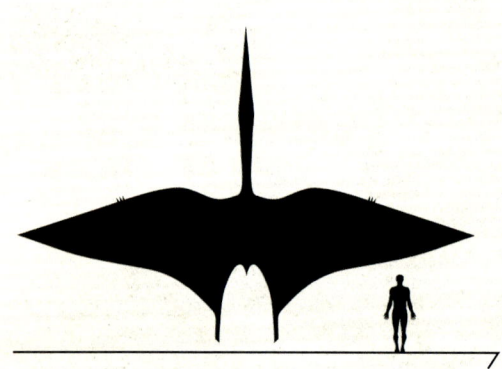

이름 뜻: 차가운 용
시대: 7600만 년 전~7500만 년 전(백악기 후기)
분포: 캐나다 날개폭: 10미터 먹이: 포유류, 작은 공룡

크립토드라콘 Kryptodrakon

프테로닥틸루스형류　모노페네스트라타류　프테로닥틸루스상과

날개뼈, 척추뼈, 골반뼈 일부분만 발견됐다. 날개를 이루는 앞발바닥뼈가 매우 긴데, 이 특징은 프테로닥틸루스상과에 속하는 익룡에게서만 볼 수 있다. 크립토드라콘은 지금까지 발견된 프테로닥틸루스상과 익룡 중에서 가장 오래전에 살았다. 이 익룡은 호수 주위에서 살았기 때문에 과학자들은 최초의 프테로닥틸루스상과 익룡이 바닷가에서 멀리 떨어진 육지에서 살았을 것으로 보고 있다. 크립토드라콘의 화석은 흥미롭게도 거대한 목긴 공룡의 발자국 속에서 발견됐다. 하지만 이 익룡이 공룡에게 밟힌 것은 아니다. 공룡 발자국이 진흙으로 채워지면서 주변에 있던 크립토드라콘의 사체가 함께 쓸려 들어간 것으로 여겨진다. 뼈가 많이 훼손된 채 발견되어 크립토드라콘을 처음 연구한 과학자는 이 익룡을 작은 육식 공룡으로 착각하기도 했다. 크립토드라콘의 화석이 발견된 지역은 영화 <와호장룡>의 촬영지다. 이 익룡의 이름은 '누운 호랑이와 숨은 용'이란 뜻의 영화 제목에서 따온 것이다.

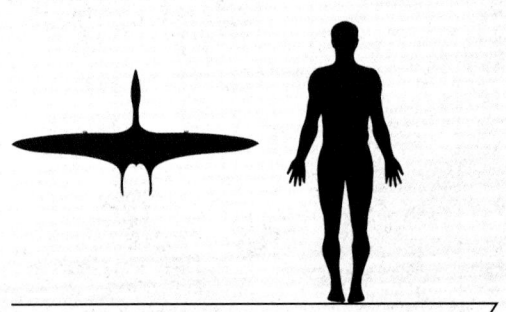

이름 뜻: 숨어 있는 용
시대: 1억 6100만 년 전~1억 5500만 년 전(쥐라기 후기)
분포: 중국　날개폭: 1.5미터　먹이: 물고기로 추정

크테노카스마 *Ctenochasma*

프테로닥틸루스형류   모노페네스트라타류   프테로닥틸루스상과   아르카이옵테로닥틸루스상과   크테노카스마과

머리뼈가 가늘고 길쭉하다. 주둥이 안에는 약 260개의 수염 같은 이빨들이 촘촘히 솟아 있다. 주둥이 앞쪽에 난 이빨들은 길고, 주둥이 뒤쪽으로 갈수록 이빨들이 짧아진다. 이런 주둥이 모양이 마치 머리빗과 비슷하다 해 그리스어로 '빗 턱'을 뜻하는 이름을 얻었다. 이빨은 주둥이 끝부터 콧구멍이 있는 데까지만 솟아 있다.

주둥이는 주걱 모양으로 오늘날의 저어새와 닮았다. 그래서 과학자들은 크테노카스마도 저어새처럼 먹이를 잡았을 것으로 보고 있다. 얕은 물에 주둥이를 담근 채 좌우로 저으면서 작은 갑각류나 물고기 등을 잡아먹었을 것이다. 콧등에는 얇은 뼈로 된 낮은 볏이 솟아 있다. 살아 있었을 때는 그 위로 각질이 덮여 있었을 것이다.

목은 몸통보다 조금 더 길다. 크테노카스마는 날개는 짧지만 어깨뼈가 길어서 날개를 움직이는 데 필요한 근육이 발달했을 것으로 추정된다. 오늘날 크테노카스마와 비슷한 날개 모양을 가진 동물로는 도둑갈매기가 있다. 그래서 어떤 과학자는 이 익룡이 도둑갈매기처럼 힘차게 날갯짓을 하며 먼 거리를 날아다녔을 것이라고 생각한다.

독일의 슈투트가르트 자연사 박물관에 전시된 크테노카스마 머리뼈 화석 ⓒ Ghedoghedo

이름 뜻: 빗 턱
시대: 1억 4500만 년 전~1억 4000만 년 전(백악기 전기)
분포: 독일, 프랑스 날개폭: 최대 70센티미터
먹이: 작은 갑각류나 물고기

키크노람푸스 *Cycnorhamphus*

프테로닥틸루스형류　모노페네스트라타류　프테로닥틸루스상과　아르카이옵테로닥틸루스상과　갈로닥틸루스과

위턱은 볼록하고 아래턱은 오목한 특이한 익룡이다. 주둥이에는 못처럼 생긴 짧은 앞니가 12개나 있고, 뒷니는 아예 없다. 위턱 앞쪽의 가장자리에는 아래턱을 덮는 연부 조직이 있다. 주둥이 안쪽도 특이하다. 입천장 가운데와 아래턱 안쪽이 마치 칼날처럼 솟아올라 있다. 콧등에는 연부 조직으로 된 길고 낮은 볏이 하나 솟아 있다. 목은 몸통만큼 길다. 날개와 다리는 긴 편이다.

몇몇 과학자들은 키크노람푸스가 해파리를 잡아먹었을 것으로 보고 있다. 입천장과 아래턱 안쪽에 솟아 있는 칼날 같은 구조물이 미끄러운 해파리를 잡는 데 적합해 보이기 때문이다. 뾰족한 앞니는 큰 해파리를 갈기갈기 찢는 데 쓰였을지도 모른다. 키크노람푸스가 발견되는 지층에서 해파리 화석이 발견되기도 한다. 하지만 배 속에 해파리가 보존된 키크노람푸스의 화석이 발견되기 전까지는 이 익룡이 해파리를 먹고 살았다고 확신할 수는 없다.

어린 키크노람푸스는 주둥이가 넓적하고 마치 백조처럼 살짝 위로 휘어져 있다. 과학자들이 맨 처음에 발견하고 연구한 키크노람푸스의 화석은 바로 이 어린 익룡의 것이었다. 그리스어로 '백조 부리'를 뜻하는 이름은 바로 이 어린 익룡 때문에 붙여진 것이다.

독일의 부르고마스터뮐러 박물관에 전시된 키크노람푸스 머리뼈 화석
ⓒ Ghedoghedo

이름 뜻: 백조 부리
시대: 1억 5000만 년 전~1억 4500만 년 전(쥐라기 후기)
분포: 독일, 프랑스 날개폭: 1.4미터
먹이: 해파리로 추정

타페야라 *Tapejara*

프테로닥틸루스형류　모노페네스트라타류　프테로닥틸루스상과　아즈다르코상과　타페야라과

머리가 짧은 편이다. 주둥이는 아래로 살짝 휘어졌고 뾰족하며, 이빨은 없다. 콧등에는 얇은 뼈로 된 볏이 볼록하게 솟아올라 있다. 뒤통수에도 뼈로 된 볏이 뿔처럼 하나 뻗어 있다. 콧등과 뒤통수의 볏은 각질로 덮여 하나로 이어져 있었을 것이다. 아래턱 앞부분에도 얇은 볏이 하나 뻗어 있다. 과학자들은 타페야라의 볏이 이성을 유혹하는 데 쓰였을 것으로 보고 있다.

목은 몸통과 길이가 비슷하다. 날개는 오늘날의 까마귀나 앵무새와 비슷하게 생겼다. 그래서 이들처럼 힘차게 날갯짓을 하며 하늘을 날아다녔을 것으로 추정된다. 타페야라의 다리는 길고 튼튼해서 땅 위를 잘 걸어 다닐 수 있었다. 이 익룡은 바닷가에서 살았다. '타페야라'라는 이름은 그리스어나 라틴어가 아닌 브라질의 투피족 언어로 붙여졌다. '오래된 것'이란 뜻을 가지고 있다.

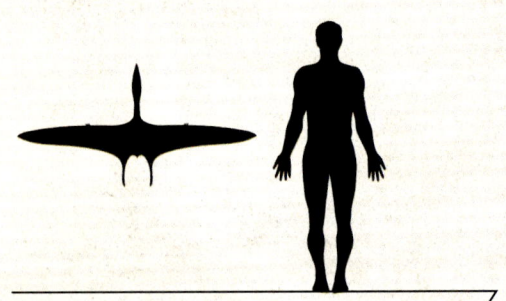

이름 뜻: 오래된 것
시대: 1억 1200만 년 전~1억 900만 년 전(백악기 전기)
분포: 브라질　날개폭: 1.5미터　먹이: 작은 동물, 과일

탈라소드로메우스 *Thalassodromeus*

프테로닥틸루스형류 모노페네스트라타류 프테로닥틸루스상과 아즈다르코상과 탈라소드로메우스과

길이가 1.4미터나 되는 머리뼈 하나만 발견됐다. 주둥이가 길쭉하고 뾰족하다. 아래턱이 매우 얇으며, 이빨은 없다. 주둥이 끝부터 뒤통수까지 거대한 부메랑 모양의 볏이 솟아 있다. 이 볏은 얇은 뼈와 각질로 이루어졌다. 탈라소드로메우스는 이 볏을 이용해 이성을 유혹했을 것이다. 눈은 작은 편이다.

이 익룡을 처음 연구한 과학자들은 탈라소드로메우스가 오늘날의 검은집게제비갈매기처럼 물고기를 사냥했을 것이라고 생각했다. 검은집게제비갈매기는 아래턱을 바닷물에 담근 채 물살을 가르며 물고기를 낚아챈다. 이처럼 턱을 담근 채 물 위로 낮게 날아다니는 탈라소드로메우스의 모습이 마치 바다 위를 달리는 것 같았을 거라 여겨져 그리스어로 '바다 달리기꾼'이란 이름이 붙여졌다.

검은집게제비갈매기처럼 먹이를 사냥하기 위해서는 폭이 얇은 아래턱을 가지고 있어야 한다. 하지만 탈라소드로메우스의 아래턱은 폭이 두꺼워서 물살을 가르기에 알맞지 않다. 그래서 지금은 이 익룡이 학처럼 땅 위를 걸어 다니며 작은 동물들을 주둥이로 집어 먹었을 것으로 보고 있다. '바다 달리기꾼'은 그저 이름일 뿐이다.

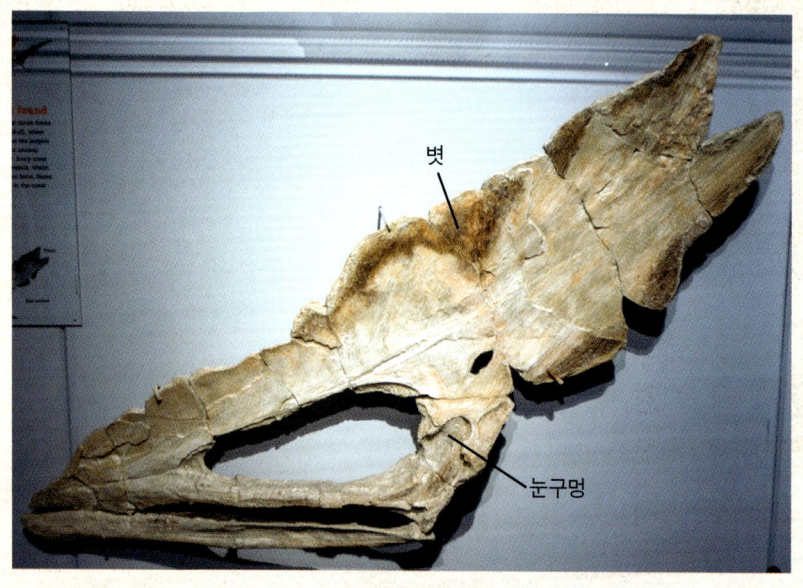

미국의 클리블랜드 자연사 박물관에 전시된 탈라소드로메우스 머리뼈 화석
ⓒ Tim Evanson

이름 뜻: 바다 달리기꾼
시대: 1억 1200만 년 전~1억 900만 년 전(백악기 전기)
분포: 브라질 날개폭: 5미터로 추정 먹이: 작은 동물

테티드라코 *Tethydraco*

프테로닥틸루스형류 모노페네스트라타류 프테로닥틸루스상과 프테라노돈상과 프테라노돈과

날개뼈와 뒷다리뼈 일부분만 발견됐다. 위앞다리뼈가 마치 물속에서 신는 오리발처럼 생겼는데, 프테라노돈과 익룡 중에서 이런 모양의 위앞다리뼈를 가진 종류는 테티드라코가 유일하다. 테티드라코는 프테라노돈과 익룡들 중에서 가장 마지막까지 살았던 종류이기도 하다. 테티드라코가 살아 있었을 때의 모로코는 얕고 따뜻한 바다로 덮여 있었는데, 이 바다를 '테티스해'라고 부른다. 이 익룡의 이름을 바로 테티스해에서 따왔다. 비록 머리뼈 화석은 발견된 적이 없지만 아마도 다른 프테라노돈과 익룡들처럼 머리 위로 솟아오른 볏과 이빨이 없는 주둥이를 가졌을 것이다. 바다에서 대부분의 시간을 보냈던 이들은 주로 물고기를 잡아먹고 살았을 것이다.

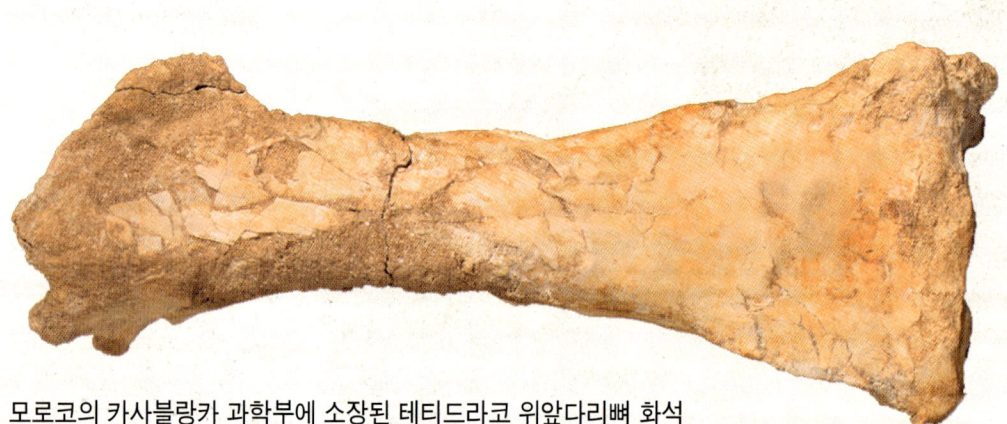

모로코의 카사블랑카 과학부에 소장된 테티드라코 위앞다리뼈 화석
ⓒ Nicholas R. Longrich, David M. Martill, Brian Andres

이름 뜻: 테티스해의 용
시대: 7000만 년 전~6600만 년 전(백악기 후기)
분포: 모로코 날개폭: 5미터 먹이: 물고기, 연체동물

투판닥틸루스 *Tupandactylus*

프테로닥틸루스형류　모노페네스트라타류　프테로닥틸루스상과　아즈다르코상과　타페야라과

주둥이 끝이 아래로 휘었고 뽀족하며, 이빨은 없다. 주둥이 끝부터 뒤통수까지 얇고 거대한 볏이 솟아 있다. 이 볏은 콧등과 뒤통수에서 각각 위로 비스듬히 뻗은 두 뼈와 두 뼈 사이를 채우는 각질로 이루어져 있다. 이 볏의 크기는 2절지 도화지와 비슷하다. 아래턱의 앞부분에도 작은 삼각형 모양의 볏이 있다. 위턱과 아래턱에 난 두 볏은 이성을 유혹하는 데 쓰였을 것이다.

한때 과학자들은 투판닥틸루스를 타페야라의 한 종류로 분류하기도 했다. 투판닥틸루스와 타페야라의 화석이 워낙 비슷하게 생겼기 때문이다. '투판닥틸루스'란 이름은 '투판의 손가락'이란 뜻을 지녔다. '투판'은 브라질 원주민인 투피족의 신화에 등장하는 천둥 신이다.

미국의 클리블랜드 자연사 박물관에 전시된
투판닥틸루스 머리뼈 화석　ⓒ Tim Evanson

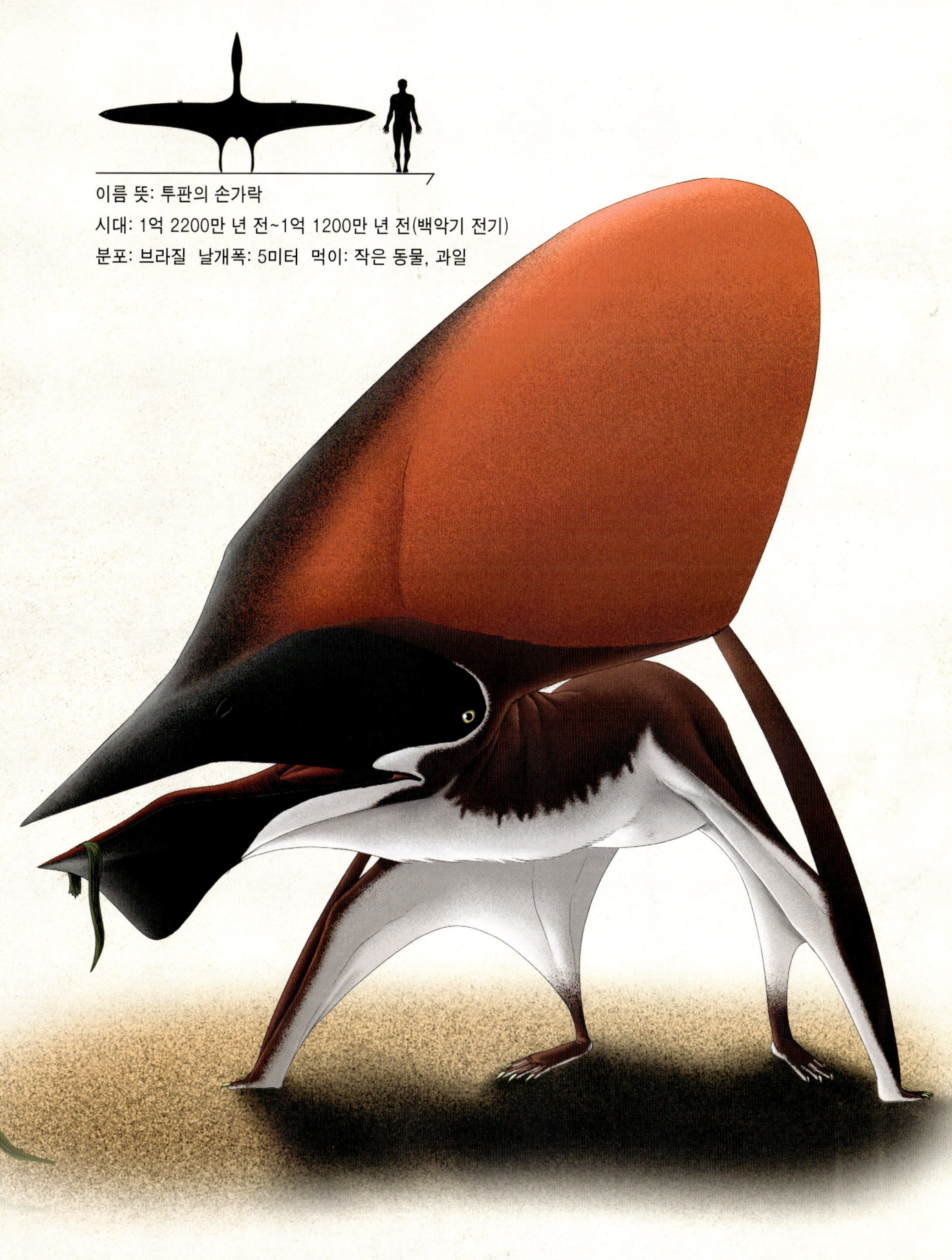

이름 뜻: 투판의 손가락
시대: 1억 2200만 년 전~1억 1200만 년 전(백악기 전기)
분포: 브라질 날개폭: 5미터 먹이: 작은 동물, 과일

투푹수아라 *Tupuxuara*

프테로닥틸루스형류 모노페네스트라타류 프테로닥틸루스상과 아즈다르코상과 탈라소드로메우스과

머리가 크고 주둥이가 뾰족하며 이빨은 없다. 콧등부터 뒤통수까지 얇은 뼈로 이루어진 볏이 솟아 있다. 투푹수아라는 크게 세 가지 종류로 나뉘는데, 종류마다 볏 모양이 조금씩 다르다. 첫 번째 종류는 볏이 삼각형이고, 두 번째 종류는 볏이 부채꼴이다. 마지막 종류는 볏이 콧등 쪽에서는 낮게, 뒤통수 쪽에서는 높게 솟아 있다. 다른 익룡과 마찬가지로 이 볏들은 이성을 유혹하는 데 쓰였을 것이다. 종류마다 서로 선호했던 볏 모양이 달라 이런 결과를 낳은 것으로 추정된다. 투푹수아라는 바다 근처에서 살았다. 아마도 땅 위를 걸어 다니며 몸집이 작은 악어나 포유류 등을 주로 잡아먹었을 것이다. '투푹수아라'라는 이름은 브라질 투피족의 전설에 등장하는 수호령의 이름을 그대로 따온 것이다.

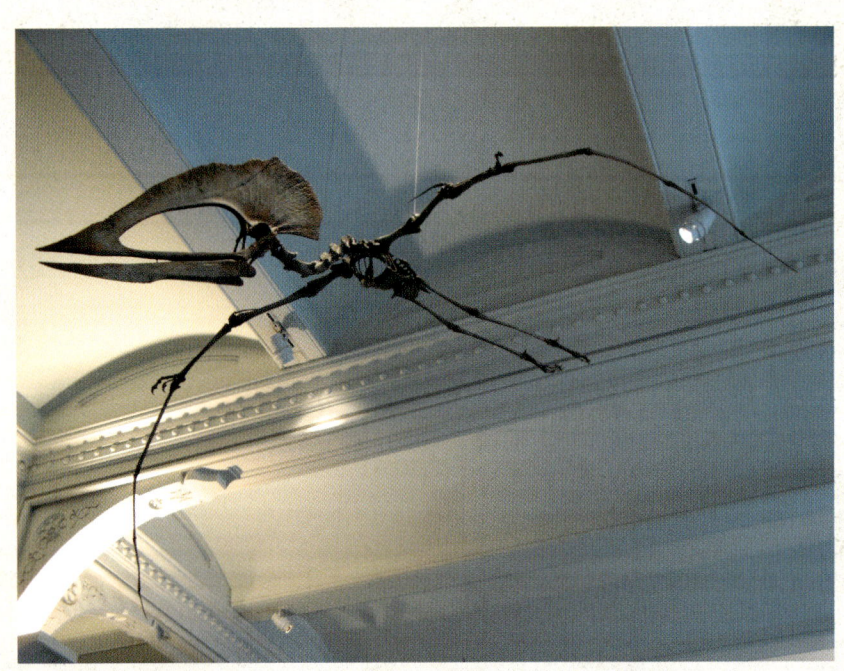

미국 자연사 박물관에 전시된 투푹수아라 화석 ⓒ olekinderhook

이름 뜻: 투푹수아라
시대: 1억 1200만 년 전~1억 900만 년 전(백악기 전기)
분포: 브라질 날개폭: 5미터 먹이: 작은 악어나 포유류

트로페오그나투스 *Tropeognathus*

프테로닥틸루스형류   모노페네스트라타류   프테로닥틸루스상과   프테라노돈상과   오르니토케이루스과

머리 길이가 약 60센티미터다. 길쭉한 주둥이 안에는 고깔 모양의 이빨들이 48개나 솟아 있다. 주둥이 뒤쪽에 난 이빨일수록 길이가 짧다. 위턱과 아래턱이 시작되는 부분에 얇은 볏이 각각 볼록하게 솟아 있다. 위턱 볏의 높이는 10센티미터, 아래턱 볏의 높이는 5센티미터다. 이 두 볏의 모양이 마치 배 밑바닥의 가운데를 받치는 기다란 목재인 용골 같다 해 그리스어로 '용골 턱'이란 뜻의 이름을 얻게 되었다.

트로페오그나투스는 이성을 유혹하는 데 이 볏을 썼을 것이다. 물 위를 날며 물고기 사냥을 할 때 이 볏으로 물살을 갈랐을 것이라고 보는 과학자도 있다. 트로페오그나투스는 오르니토케이루스와 화석이 너무 비슷하게 생겨서 헷갈리기 쉽다. 오르니토케이루스는 가장 앞에 있는 두 앞니의 사이가 조금 벌어져 있는 반면에 트로페오그나투스는 가장 앞에 있는 두 앞니의 사이가 서로 가깝다.

독일의 뮌헨 인류 자연사 박물관에 전시된 트로페오그나투스 머리뼈 화석 ⓒ Ghedoghedo

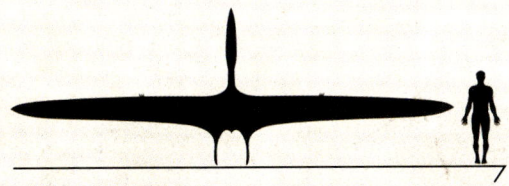

이름 뜻: 용골 턱
시대: 1억 1200만 년 전~1억 900만 년 전(백악기 전기)
분포: 브라질 날개폭: 8미터 먹이: 물고기

페로드라코 *Ferrodraco*

프테로닥틸루스형류   모노페네스트라타류   프테로닥틸루스상과   프테라노돈상과   오르니토케이루스과

머리뼈 일부와 목뼈, 앞다리뼈만 발견됐다. 이빨은 긴 고깔 모양이다. 첫 번째 앞니가 다른 모든 앞니보다 작다는 점, 그리고 네 번째부터 일곱 번째 이빨이 세 번째와 여덟 번째 이빨보다 작다는 점 때문에 다른 오르니토케이루스과 익룡들과 다르다. 오르니토케이루스와 마찬가지로 위턱과 아래턱의 끝부분에 볼록한 볏이 솟아 있다. 숲과 늪 일대에서 살면서 물고기를 잡아먹었다.

페로드라코의 유일한 화석을 처음 발견한 사람은 농부였다. 밭에 난 풀들을 없애다가 화석을 발견했다고 한다. 뼈들은 '함철암'이라고 하는, 철이 풍부한 암석 속에 들어 있었다. '철 용'이란 이름 뜻은 바로 이 암석 때문에 붙여진 것이다. 지금까지 호주에서 발견된 익룡 화석 중 가장 완벽하다.

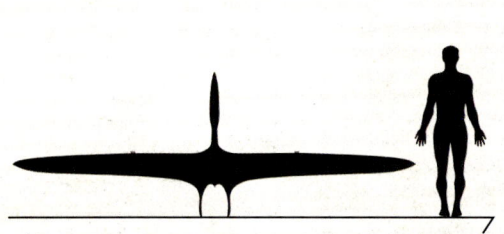

이름 뜻: 철 용
시대: 9900만 년 전~8900만 년 전(백악기 후기)
분포: 호주 날개폭: 4미터 먹이: 물고기

페테이노사우루스 *Peteinosaurus*

에오프테로사우루스류

완벽한 머리뼈가 발견된 적이 없다. 짧은 고깔 모양의 이빨은 미끄러운 물고기를 물기에 적합했다. 날개는 길이가 뒷다리의 겨우 두 배 정도밖에 길지 않아서 짧은 편이며 빈약하다. 그래서 페테이노사우루스는 아마도 하늘을 활발하게 날아다니지는 않았을 것으로 여겨진다. 날카로운 갈고리 모양의 발톱이 있는 것으로 보아 아마도 큰 바위나 절벽에 잘 매달렸던 것 같다. 이 익룡은 바닷가에서 살았다. 기다란 꼬리는 꼬리를 이루는 뼈들이 서로 포개져 있어서 뻣뻣했다. 이 길고 뻣뻣한 꼬리는 페테이노사우루스가 하늘을 날 때 몸의 방향을 바꿔 주는 역할을 했을 것이다.

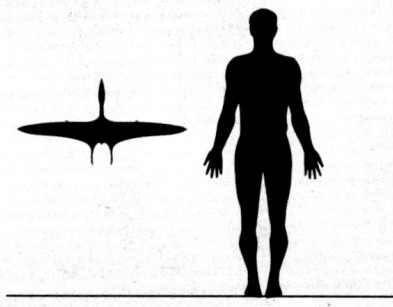

이름 뜻: 날개 달린 도마뱀
시대: 2억 1500만 년 전~2억 1200만 년 전(트라이아스기 후기)
분포: 이탈리아 **날개폭:** 60센티미터 **먹이:** 물고기

프레야놉테루스 *Prejanopterus*

프테로닥틸루스형류　모노페네스트라타류　프테로닥틸루스상과　아르카이옵테로닥틸루스상과

길쭉한 주둥이 안에 약 80개의 이빨이 솟아 있다. 이 이빨들은 모두 고깔 모양이고, 이빨과 이빨 사이가 넓다. 위턱 끝부분에는 이빨이 없다. 턱에서 이빨이 나 있는 부분은 그렇지 않은 부분보다 더 두껍다. 위턱은 위로 살짝 휘어져 있다. 어떤 과학자들은 프레야놉테루스가 위턱으로 모래나 흙을 파내 갑각류나 작은 동물들을 잡아먹었을 것으로 보고 있다. 날개뼈와 뒷다리뼈가 튼튼해서 땅 위를 잘 걸어 다녔을 것이다. 이들은 바닷가에서 살았다.

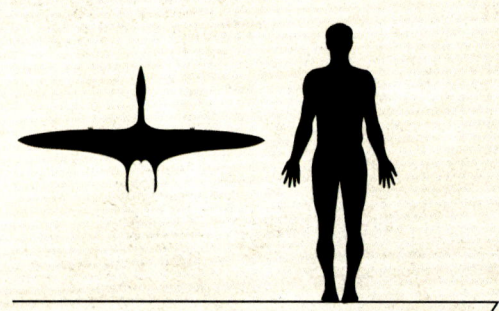

이름 뜻: 프레야노의 날개
시대: 1억 2500만 년 전~1억 2200만 년 전(백악기 전기)
분포: 스페인　날개폭: 2미터　먹이: 갑각류, 작은 동물

프레온닥틸루스 *Preondactylus*

에오프테로사우루스류

이빨이 고깔 모양이다. 목은 몸통보다 짧다. 날개가 짧고 빈약해서 활발하게 하늘을 날지는 못했을 것이다. 오늘날의 딱따구리처럼 날갯짓과 활공을 번갈아 하면서 비행을 했을 것이다. 갈고리 모양의 크고 날카로운 발톱으로 바위나 절벽에 잘 매달렸던 것 같다.

길고 뻣뻣한 꼬리는 하늘을 날 때 몸의 방향을 바꿔 주는 역할을 했을 것이다. 배 속에 물고기 뼈와 비늘이 보존된 프레온닥틸루스의 화석이 발견된 적도 있다. 이들은 바닷가에서 살았다. 프레온닥틸루스의 화석은 이탈리아의 프레온협곡에서만 발견된다. '프레온의 손가락'이란 뜻을 가진 이름은 바로 이 협곡의 이름에서 따왔다.

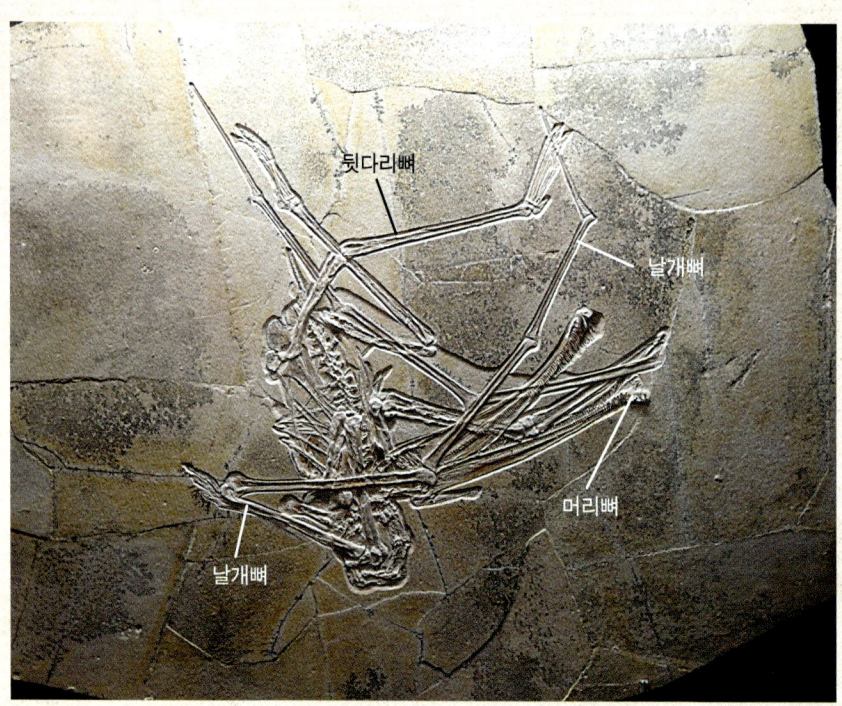

독일의 밤베르크 자연사 박물관에 전시된 프레온닥틸루스 화석 ⓒ Chillibilli

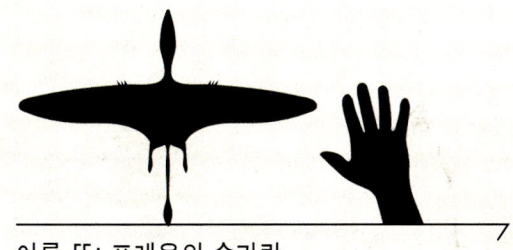

이름 뜻: 프레온의 손가락
시대: 2억 1500만 년 전~2억 1200만 년 전(트라이아스기 후기)
분포: 이탈리아 날개폭: 45센티미터 먹이: 물고기

프테라노돈 *Pteranodon*

프테로닥틸루스형류 모노페네스트라타류 프테로닥틸루스상과 프테라노돈상과 프테라노돈과

지금까지 1200마리 정도가 화석으로 발견되어 가장 연구가 잘된 익룡이다. 주둥이는 길쭉하고 뾰족하며 위로 휘어져 있다. 이빨은 없으며, 위턱이 아래턱보다 조금 더 길다. 프테라노돈의 가장 큰 특징은 바로 뒤통수에 뻗어 있는 얇은 볏이다. 이 볏은 수컷에게만 있으며, 아마도 암컷을 유혹하는 데 쓰였을 것이다.

프테라노돈은 수컷의 볏 모양에 따라 크게 두 종류로 나뉜다. 한 종류는 옆에서 봤을 때 볏이 붓 모양이고, 다른 종류는 볏이 길쭉하다. 붓 모양의 볏을 가진 종류는 약 8800만 년 전에서 8400만 년 전 사이에 살았다. 길쭉한 볏을 가진 종류는 8400만 년 전에서 7000만 년 전에 살았다. 따라서 붓 모양의 볏을 가진 종류가 길쭉한 볏을 가진 종류의 조상이라 할 수 있다. 프테라노돈의 볏 모양이 시간이 흐르며 바뀌게 된 것은 암컷들이 선호하는 볏 모양이 달라졌기 때문으로 볼 수 있다.

프테라노돈은 오늘날의 바닷새인 신천옹처럼 몸에 비해 날개가 매우 길다. 아마도 신천옹처럼 날갯짓을 거의 하지 않고 바람을 타며 날아다녔을 것이다. 프테라노돈은 주로 수컷 한 마리가 여러 암컷과 함께 무리를 꾸려서 살았을 것으로 추정된다. 새끼 프테라노돈이 어른만큼 자라기까지는 겨우 1년 정도 걸렸다. 2018년에는 거대한 상어의 이빨이 박혀 있는 목뼈 화석이 발견됐다. 제아무리 하늘을 나는 익룡이라도 상어의 공격은 피할 수 없었나 보다.

캐나다의 로열 온타리오 박물관에 전시된 프테라노돈 암컷(왼쪽)과 수컷(오른쪽) 화석 ⓒ Kenn Chaplin

이름 뜻: 이빨 없는 날개
시대: 8800만 년 전~7000만 년 전(백악기 후기)
분포: 미국 날개폭: 7미터 먹이: 물고기, 연체동물

프테로다우스트로 *Pterodaustro*

프테로닥틸루스형류   모노페네스트라타류   프테로닥틸루스상과   아르카이옵테로닥틸루스상과   크테노카스마과

지금까지 750마리 정도가 발견되어 알려진 게 많은 익룡이다. 머리 길이는 30센티미터 정도다. 주둥이가 위로 심하게 휘어져 있다. 이빨은 1000개가 넘는데, 익룡 중에서 이빨이 가장 많다. 이빨이 워낙 많아서 프테로다우스트로의 이빨을 전부 세 본 사람은 없다. 위턱의 이빨은 둥글며 길이가 1밀리미터도 채 되지 않는다. 반면에 아래턱의 이빨은 오늘날 홍학의 부리 속 수염처럼 가늘고 길다. 가장 긴 이빨은 길이가 3센티미터이며, 굵기는 0.3밀리미터 정도다. 홍학은 수염을 이용해 크기가 매우 작은 갑각류들을 물에서 걸러 먹는다. 그래서 과학자들은 프테로다우스트로도 홍학처럼 갑각류를 물에서 걸러 먹었을 것으로 보고 있다.

프테로다우스트로의 위턱에 난 이빨은 갑각류를 으깨는 데 사용됐을 것이다. 홍학은 붉은 색소가 가득한 갑각류를 많이 먹어서 몸의 색도 붉다. 그래서 어떤 과학자는 프테로다우스트로가 붉은 갑각류를 많이 먹었다면 이들도 홍학처럼 붉은 색을 띠었을 것이라고 생각한다. 물론 이 익룡이 먹었던 갑각류가 붉은 색소로 가득했다는 증거는 어디에도 없다. 프테로다우스트로는 뒷다리가 튼튼해서 땅 위를 잘 돌아다녔을 것으로 추정된다. 새끼 프테로다우스트로가 어른이 되기까지 걸린 시간은 7년 정도다. 화석이 발견된 지역들이 모두 남반구에 위치해서 그리스어로 '남쪽의 날개'라는 이름을 얻게 되었다.

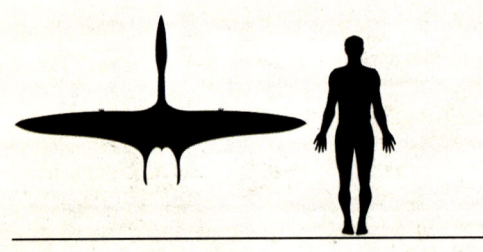

이름 뜻: 남쪽의 날개
시대: 1억 1200만 년 전~9900만 년 전(백악기)
분포: 아르헨티나, 칠레   날개폭: 2.5미터   먹이: 매우 작은 갑각류

프테로닥틸루스 *Pterodactylus*

프테로닥틸루스형류 모노페네스트라타류 프테로닥틸루스상과 아르카이옵테로닥틸루스상과

지금까지 30마리 정도가 보고됐다. 주둥이 안에는 고깔 모양의 작은 이빨들이 솟아 있다. 앞니와 뒷니는 크기가 서로 비슷하다. 콧등부터 뒤통수까지 각질로 된 얇은 볏이 솟아 있다. 목은 몸통보다 길고, 날개는 짧은 편이다. 새끼 프테로닥틸루스는 몸보다 머리가 작은 편이다. 새끼 프테로닥틸루스가 어른이 되기까지 걸린 시간은 2년 정도다. 프테로닥틸루스는 1809년에 처음 학계에 보고됐다. 학계에서 가장 처음으로 화석이 보고된 익룡이자 이름이 붙여진 익룡이기도 하다.

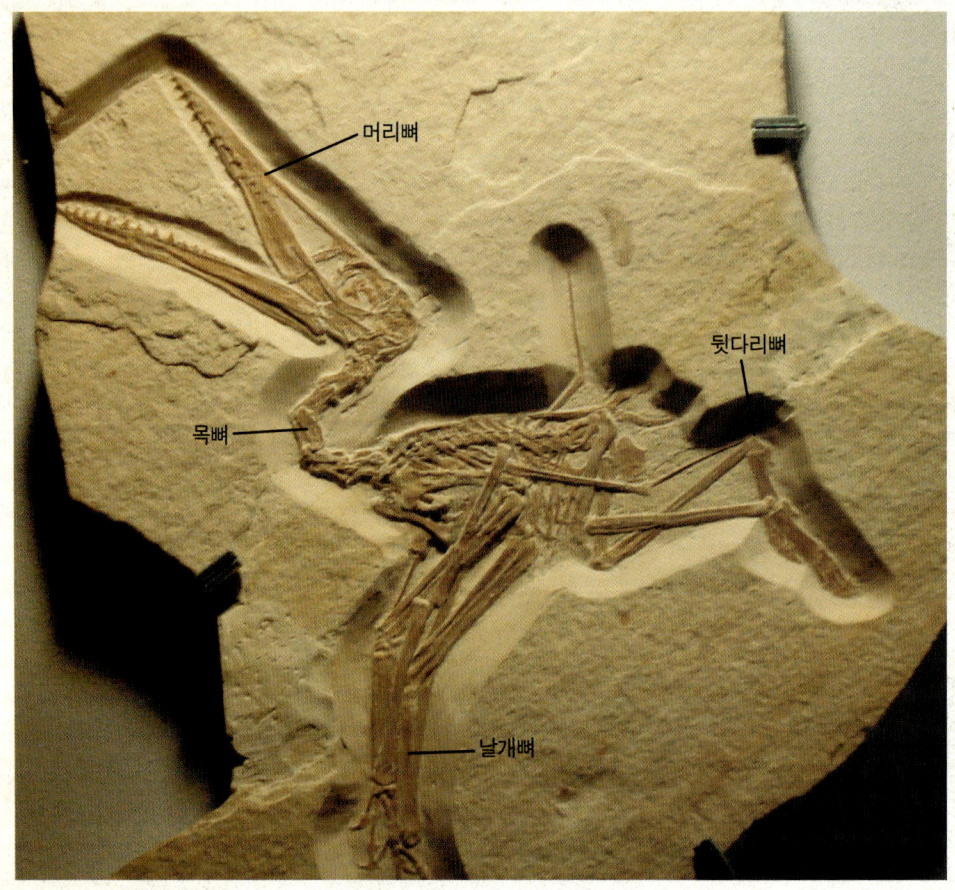

독일의 뷔르게르마이스터뮐러 박물관에 전시된 프테로닥틸루스 화석 ⓒ Ghedoghedo

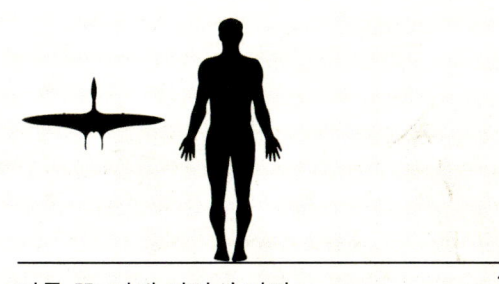

이름 뜻: 날개 달린 손가락

시대: 1억 5000만 년 전~1억 4500만 년 전(쥐라기 후기)

분포: 독일   날개폭: 1미터   먹이: 물고기, 연체동물

프테로린쿠스 *Pterorhynchus*

프테로닥틸루스형류　모노페네스트라타류　우콩곱테루스과

머리 길이가 10센티미터 정도이며 주둥이가 길쭉하다. 콧등에는 뼈로 된 낮은 볏이 솟아 있다. 볏 위로는 얇은 각질이 덮여 있다. 볏 옆면에는 일정한 간격의 줄무늬가 있다. 이 익룡을 처음 연구한 과학자들은 프테로린쿠스가 하늘을 날 때 이 볏을 이용해 공기를 가르며 빠르게 하늘을 날았을 것이라고 생각했다. 하늘을 날 때 도움이 되는 볏이라 해 그리스어로 '날개 주둥이'라는 이름도 얻게 되었다. 하지만 지금의 과학자들은 이 볏이 이성을 유혹하는 데 쓰였을 것으로 본다. 길고 뻣뻣한 꼬리는 하늘을 날 때 몸의 방향을 바꿔 주는 역할을 했을 것이다.

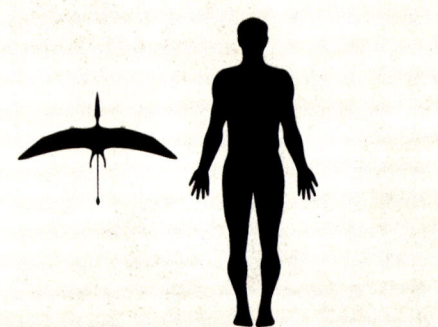

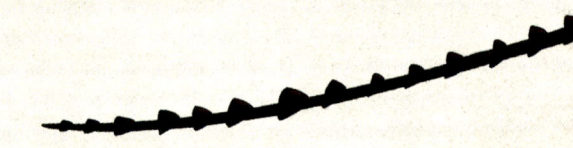

이름 뜻: 날개 주둥이
시대: 1억 6400만 년 전~1억 6100만 년 전 (쥐라기 중기)
분포: 중국　날개폭: 80센티미터　먹이: 곤충

플라탈레오린쿠스 *Plataleorhynchus*

프테로닥틸루스형류   모노페네스트라타류   프테로닥틸루스상과   아르카이옵테로닥틸루스상과   크테노카스마과

턱뼈 일부분만 발견됐다. 발견된 턱뼈의 길이는 약 17센티미터다. 전체 머리 길이는 40센티미터 정도였을 것이다. 주둥이는 끝으로 갈수록 얇아지지만 끝부분은 마치 주걱처럼 넓적하다. 주둥이가 주걱처럼 생긴 오늘날의 동물 중에는 저어새가 있다. 그리스어로 '저어새 주둥이'라는 뜻의 이름을 얻게 된 것은 바로 이 때문이다. 저어새와 마찬가지로 주둥이를 얕은 물에 담근 채로 좌우로 저으면서 먹이를 잡았을 것이다. 이빨은 발견되지 않았지만 다른 크테노카스마과 익룡들처럼 길쭉한 털 같은 이빨을 가지고 있었을 것이다. 같은 시기에 같은 지역에서 살았던 그나토사우루스의 가까운 친척이다. 플라탈레오린쿠스는 바닷가에서 살았다.

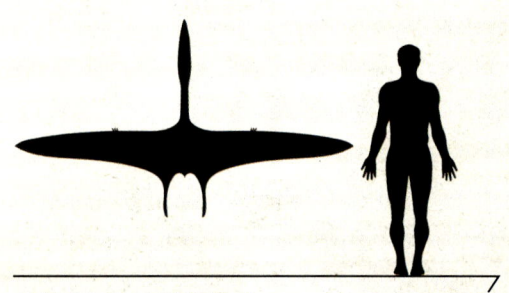

이름 뜻: 저어새 주둥이
시대: 1억 4500만 년 전~1억 4000만 년 전(백악기 전기)
분포: 영국 날개폭: 2.5미터로 추정 먹이: 작은 갑각류

픽시 *Piksi*

프테로닥틸루스형류　모노페네스트라타류　프테로닥틸루스상과　프테라노돈상과

날개뼈 일부분만 발견됐다. 하지만 발견된 뼈들의 크기가 작은 것으로 볼 때 아마도 닭만 한 몸집을 가졌을 것으로 추정된다. 백악기 후기에는 몸집이 거대한 익룡들이 많이 살았지만 픽시가 화석으로 발견되면서 과학자들은 이때 몸집이 작은 익룡도 함께 살았다는 사실을 알 수 있었다. 픽시의 화석을 처음 연구한 과학자는 이 익룡이 새인 줄 알았다. 크기도 닭만 해서 북아메리카 원주민들의 언어로 '닭'을 의미하는 이름을 붙여 줬다. 어떤 과학자들은 픽시가 작은 육식 공룡일 것이라고 생각하기도 했다. 지금은 픽시가 안항구에라과와 오르니토케이루스과 익룡들의 가까운 친척일 것으로 보고 있다. 픽시는 강 주변을 돌아다니며 살았다.

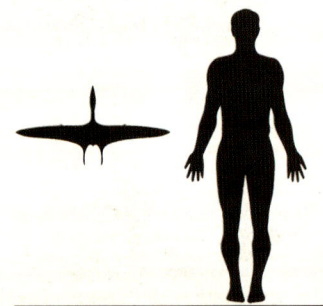

이름 뜻: 닭
시대: 8400만 년 전~7000만 년 전(백악기 후기)
분포: 미국　날개폭: 80센티미터로 추정　먹이: 곤충을 포함한 작은 동물

하밉테루스 *Hamipterus*

프테로닥틸루스형류　모노페네스트라타류　프테로닥틸루스상과　프테라노돈상과　하밉테루스과

좁은 지역에서 수백 마리의 뼈 화석과 알 화석 5개가 발견됐다. 머리 길이는 약 40센티미터이고, 주둥이는 길쭉하다. 위턱에는 38개, 아래턱에는 30개의 이빨이 솟아 있다. 앞니는 길쭉한 고깔 모양이며, 뒷니는 작은 삼각형 모양이다. 콧등에는 뼈와 각질로 이루어진 볏이 솟아 있다. 암컷과 수컷의 볏 모양이 서로 다른데, 수컷의 볏이 앞으로 좀 더 튀어나와 있다. 가슴뼈와 날개를 이루는 위앞다리뼈가 크고 튼튼해서 힘차게 날갯짓을 하며 하늘을 날았을 것으로 여겨진다. 하밉테루스는 호수나 강 주변에서 살았는데, 오늘날의 바다거북이나 바닷새처럼 물가의 모래밭에서 무리를 지어 알을 낳은 것으로 보인다. '하미의 날개'란 뜻의 이름은 이 익룡이 발견된 지역에서 따왔다.

중국의 고동물학 박물관에 전시된 하밉테루스 머리뼈 화석
ⓒ Jonathan Chen

이름 뜻: 하미의 날개
시대: 1억 4500만 년 전~1억 2000만 년 전(백악기 전기)
분포: 중국 날개폭: 3.5미터 먹이: 물고기

하옵테루스 *Haopterus*

프테로닥틸루스형류 모노페네스트라타류 프테로닥틸루스상과

머리 길이가 약 15센티미터다. 길쭉한 주둥이에는 살짝 뒤로 휘어진 뾰족한 이빨이 나 있다. 이빨은 위턱과 아래턱에 각각 12개씩 솟아 있다. 가슴뼈와 날개를 이루는 위앞다리뼈가 크고 튼튼해서 힘차게 날갯짓을 하며 하늘을 날았을 것이다.
뒷발바닥뼈는 작고 짧은 편이다. 뒷발이 작고 빈약하다 보니 땅 위를 많이 걸어 다니지는 않았을 것으로 추정된다. 호수 위를 날아다니며 작은 물고기나 개구리 등을 잡아먹었을 것이다. 이 익룡의 이름은 중국의 고생물학자 하오 이춘 박사의 이름에서 따온 것이다. 하오 박사는 '유공충'이라고 하는 플랑크톤 화석을 연구했던 과학자다.

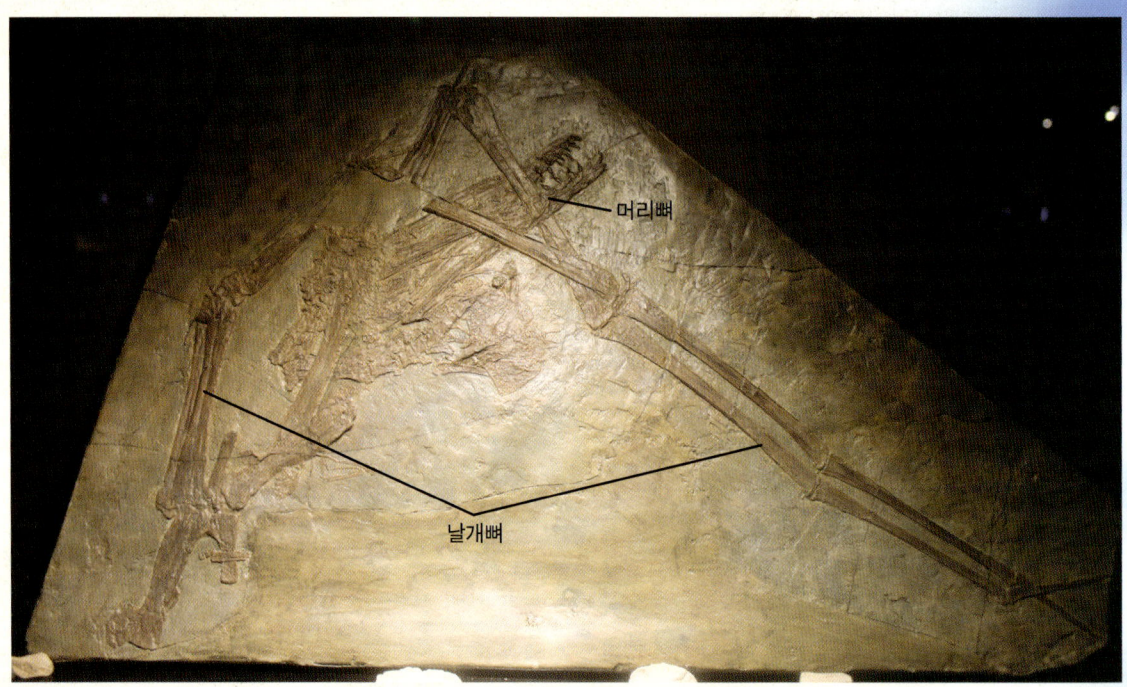

중국의 고동물학 박물관에 전시된 하옵테루스 화석 ⓒ Morosaurus millenii

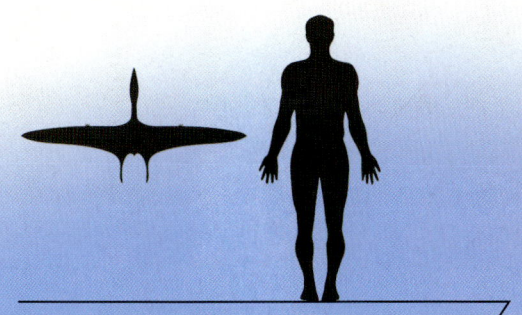

이름 뜻: 하오의 날개
시대: 1억 3000만 년 전~1억 2200만 년 전(백악기 전기)
분포: 중국 날개폭: 1.3미터 먹이: 작은 물고기나 개구리

하체곱테릭스 *Hatzegopteryx*

프테로닥틸루스형류   모노페네스트라타류   프테로닥틸루스상과   아즈다르코상과   아즈다르코과

지금까지 두 마리가 화석으로 발견됐다. 하지만 기껏해야 머리뼈 뒤쪽 일부분, 목뼈 한 개 그리고 위앞다리뼈 일부분만 발견됐다. 과학자들은 하체곱테릭스가 케찰코아틀루스와 비슷하게 생긴 익룡이었을 것으로 보고 있다. 한 가지 큰 차이가 있다면 하체곱테릭스가 케찰코아틀루스보다 목이 짧고 굵다.

하체곱테릭스는 백악기 후기에 섬에서 살았다. 섬은 대륙보다 땅이 좁고 먹이도 많지 않아서 섬에 사는 공룡들은 대륙에 사는 공룡들보다 몸집이 작았다. 목이 튼튼했던 하체곱테릭스는 주둥이로 작은 공룡쯤은 쉽게 집어 삼킬 수 있었을 것이다. '하체의 날개'란 뜻의 이름은 이 익룡이 발견된 지역의 이름을 그대로 따온 것이다.

이름 뜻: 하체의 날개
시대: 7000만 년 전~6600만 년 전(백악기 후기)
분포: 루마니아   날개폭: 12미터   먹이: 도마뱀, 악어, 작은 공룡

익룡은 왜 멸종했을까?

지금으로부터 약 6600만 년 전, 백악기가 끝날 무렵에 거대한 돌덩이가 우주로부터 날아왔다. 너비가 15킬로미터 정도로 에베레스트산만 한 이 어마어마한 돌덩이를 과학자들은 '칙술루브 소행성'이라고 부른다. 이 소행성은 날아가는 총알의 20배 정도 되는 속도인 시속 5만 6000킬로미터로 날아왔고, 당시에는 얕은 바다였던 멕시코 땅에 충돌했다. 오늘날 멕시코에는 지름 150킬로미터, 깊이 20킬로미터나 되는 거대한 운석 구덩이가 지금도 남아 있다. 그 크기가 워낙 커서 우주에서만 전체 모습을 볼 수 있다.

칙술루브 소행성이 지구와 충돌했을 때 발생한 에너지는 핵폭탄 3억 개가 한 번에 폭발하는 것과 맞먹었다. 소행성이 충돌한 지점은 태양 표면만큼이나 온도가 높아졌다. 그리고 어마어마한 양의 돌들이 하늘로 솟아올랐다.

하늘로 날아간 돌들 중 일부는 우주로 날아갔다. 그리고 나머지는 불에 타면서 지구 곳곳으로 떨어졌다. 전 세계의 숲에 불이 붙는 데는 1시간도 채 걸리지 않았다. 이 엄청난 화재로 익룡을 포함한 많은 생물들이 산 채로 타 죽거나 서식지를 잃었다.

해일도 일어났다. 소행성 충돌로 일어난 해일의 높이는 최대 1킬로미터나 됐다. 이 거대한 해일은 북아메리카와 유럽을 덮쳤다. 이때 바닷가에서 살던 익룡과 다른 동물들이 파도에 휩쓸려 죽었다.

하지만 가장 많은 익룡을 죽인 것은 바로 먼지였다. 소행성 충돌로 엄청난 양의 먼지가 하늘로 날아갔다. 먼지는 작고 가벼워서 다시 땅으로 떨어지는 데 시간이 오래 걸린다. 충돌 때문에 솟아오른 먼지들은 하늘을 가득 뒤덮어 1년 넘게 지구로 오는 햇빛을 가렸다.

햇빛이 가려지자 식물들이 죽기 시작했다. 식물들이 죽자 먹을 것이 없어진 동물들도 따라 죽었다. 살아가는 데 햇빛이 꼭 필요한 식물성 플랑크톤들도 많이 죽었다. 이들이 죽자 식물성 플랑크톤을 먹는 작은 물고기들도 죽었고, 이들을 따라 몸집이 큰 물속 생물들도 죽었다. 먹을 게 없어진 세상에서 결국 익룡들도 함께 굶어 죽었다.

이 백악기 대멸종 사건으로 당시 생물 종류의 60퍼센트가 멸종했다. 익룡도 이때 멸종했다. 정작 이 멸종 사건으로 유명한 공룡은 살아남았다. 이때 살아남은 공룡 무리가 바로 새다. 새는 익룡의 뒤를 이어 하늘이라는 무대를 가지게 되었다. 그리고 과거의 익룡처럼 아주 다양한 크기와 모습으로 진화하게 되었다. 하지만 새가 제아무리 화려한 모습으로 변한들 과거 익룡들이 보여 준 장엄함을 재현해 내진 못할 것이다.

백악기 대멸종 사건 때 사라진 생물들

익룡과 마찬가지로 해양 파충류인 수장룡과 모사사우루스류는 백악기 대멸종 사건 때 완전히 멸종했다. 암모나이트라고 하는 오징어와 문어의 친척도 이때 멸종했다. 거북의 80퍼센트, 악어의 50퍼센트, 곤충의 40퍼센트도 이때 멸종했다. 포유류도 이때 거의 멸종할 뻔했다. 백악기 대멸종 사건 때 사라진 포유류가 거의 90퍼센트나 된다. 다행히 10퍼센트가 살아남아 오늘날의 코끼리, 개, 고양이, 고래, 박쥐 그리고 사람으로 진화할 수 있었다.

암모나이트의 한 종류인 옐렛즈키테스의 화석 ⓒ Maksim

네덜란드의 마스트리히트 자연사 박물관에 전시된 모사사우루스 뼈대 ⓒ Ghedoghedo

우리나라의 익룡 화석

우리나라 최초의 익룡 화석은 1995년에 전라남도 해남군 황산면 우항리에서 발견됐다. 무려 443개나 되는 익룡 발자국 화석들이 확인됐는데, 이 화석들은 약 8000만 년 전인 백악기 후기 때 살았던 익룡들이 남긴 것이었다. 발자국 화석이 발견된 곳은 원래 바닷물에 잠겨 있었다. 그런데 근처에 둑을 쌓으면서 해수면이 낮아져 화석들이 드러나게 된 것이다. 우항리의 발자국 화석들은 아시아에서 처음으로 보고된 익룡 발자국 화석이다.

그 후 남부 지방 곳곳에서 발자국 화석들이 발견됐는데, 지금까지 확인된 익룡 발자국은 약 5000개 정도다.

발견된 발자국 중에는 길이가 2센티미터 정도 되는 작은 것부터 40센티미터나 되는 큰 것도 있다. 큰 발자국들은 아마도 케찰코아틀루스 같은 거대한 아즈다르코과 익룡들이 남긴 것으로 추정된다. 발가락 사이에 물갈퀴가 있는 발자국들도 발견되는데, 이런 것들은 물가에서 주로 생활하는 크테노카스마과 익룡들이 남겼을 가능성이 높다.

전라남도 해남군 황산면 우항리에 위치한 공룡, 익룡, 새 발자국 화석지 ⓒ 손민영

아쉽게도 우리나라에서는 익룡의 이빨이나 뼈 화석은 별로 발견되지 않았다. 낱개로 발견된 이빨 5개와 날개를 이루는 앞발가락뼈 2개가 전부다. 모두 1억 2000만 년 전쯤 백악기 후기 때 살았던 익룡의 것인데, 발견된 부위들이 워낙 적어서 이 익룡의 정체를 정확히 알아내긴 어렵다. 하지

만 이 화석들이 중국에서 발견되는 보레옵테루스과 익룡인 보레옵테루스와 제니우아놉테루스의 것과 가장 비슷해서 아마도 이들과 비슷하게 생긴 익룡이지 않았을까 추정된다.

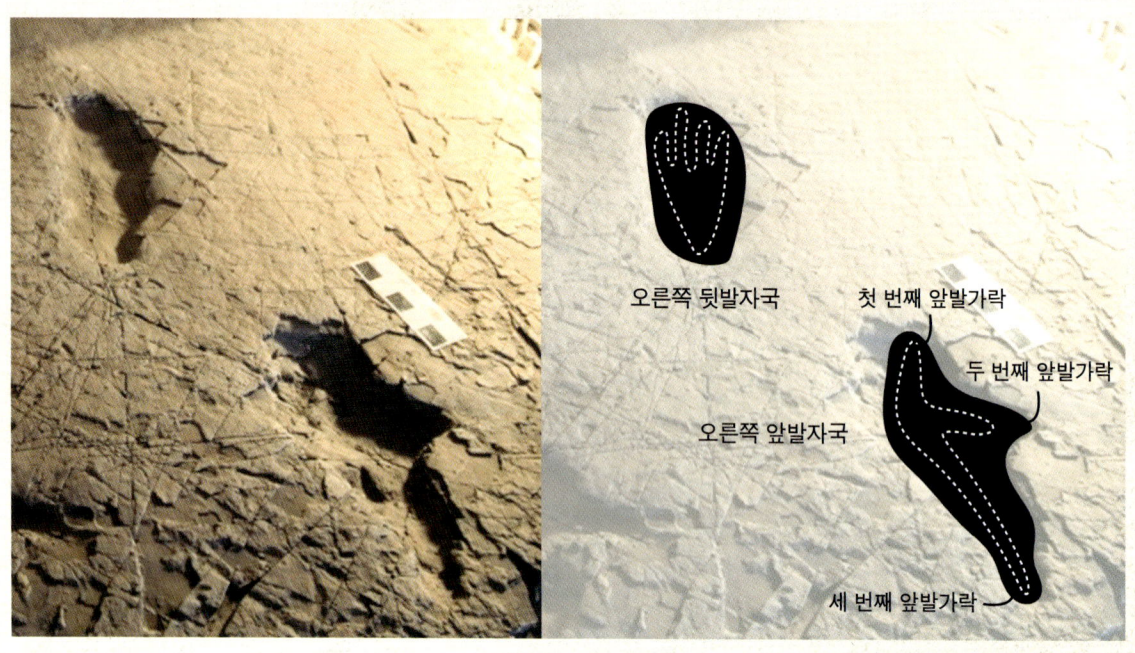

전라남도 해남군의 화석지에 있는 거대한 익룡의 발자국 화석들.
이곳의 익룡 발자국 중에는 길이가 30센티미터나 되는 것들도 있다.

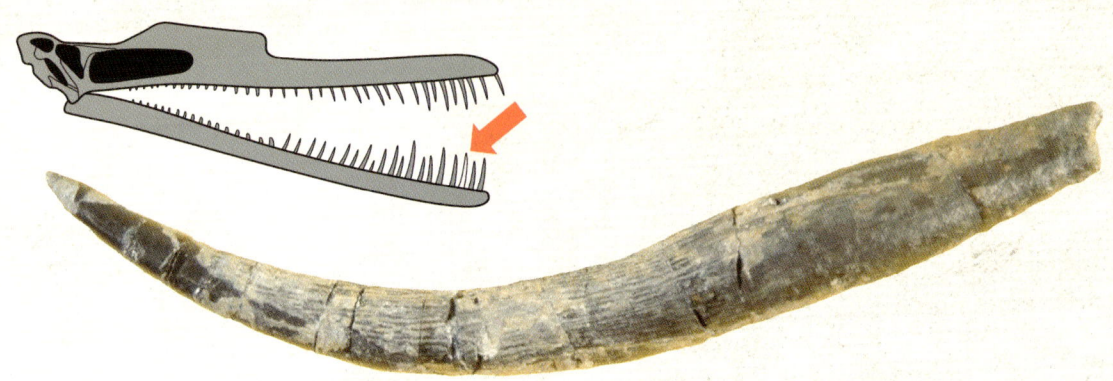

경상북도 고령군 쌍림면 합가리에 있는 백악기 지층에서 발견된 익룡 이빨 화석.
길이가 7센티미터나 된다.

경상남도 하동군 금남면 대도에 있는 백악기 지층에서 발견된 익룡 날개뼈 화석.
보존된 부위의 길이는 20센티미터 정도지만, 날개 전체 폭은 4미터로 추정된다.

우리나라에는 왜 뼈보다 발자국 화석이 더 많을까?

뼈 화석이 보존되려면 동물이 죽은 후 사체가 빠르게 파묻혀야 한다. 그렇지 않으면 사체가 부패되거나 육식 동물이 먹어 버릴 수 있다. 사체가 빨리 묻힐 수 있는 대표적인 곳으로는 강의 하류 지역이 있다.

반면에 발자국 화석은 만들어지는 데 시간이 오래 걸린다. 우선 익룡이 진흙이나 모래를 밟고 지나가면서 발자국을 남겨야 한다. 그 후 햇빛을 받아 발자국이 굳어야 한다. 굳어진 발자국 위로는 퇴적물이 다시 덮여야 하며, 시간이 지나 퇴적물이 암석으로 변해야 발자국은 화석으로 남게 된다.

이처럼 발자국 화석과 뼈 화석은 보존되는 환경이 서로 다르다. 그래서 두 가지 화석이 한꺼번에 같은 지층에서 나오는 경우는 드물다. 우리나라는 과거에 뼈보다 발자국이 보존되기 좋은 환경이 많았다. 그래서 지금 발자국 화석이 많이 발견되는 것이다.

익룡 화석은 어떻게 연구할까?

익룡 화석을 연구하는 방법은 공룡의 화석을 연구하는 법과 똑같다. 우선 화석이 묻혀 있는 지층을 찾아야 한다. 화석은 주로 진흙이나 모래가 굳어서 만들어진 퇴적암에서 발견된다. 이런 퇴적암은 주로 강이나 호수 주변에서 만들어진다.

퇴적암 중에는 석회암이라고 불리는 돌도 있다. 석회암은 얕고 따뜻한 바다에서 사는 작은 플랑크톤이나 연체동물, 또는 산호 조각들이 차곡차곡 쌓여 만들어진 것이다. 프테라노돈이나 프테로닥틸루스처럼 바다나 바닷가에 살았던 익룡의 화석은 이런 석회암 속에서 발견된다.

중국의 저장성 일대에서 화석을 찾고 있는 모습

화석을 찾기 위해서는 돌의 종류도 중요하지만, 지층의 나이도 중요하다. 익룡 화석을 찾으려면 익룡이 살았던 기간에 만들어진 지층을 찾아야 한다. 익룡이 처음 등장했던 시기가 약 2억 2800만 년 전인 트라이아스기 후기이고, 익룡이 멸종한 시기가 6600만 년 전인 백악기 후기이니 그 사이에 만들어진 지층을 찾아야 익룡 화석을 찾을 수 있다.

지층을 찾았으면 화석을 찾아야 하는데, 무작정 땅을 판다고 화석을 찾을 수 있는 게 아니다. 과학자들은 주로 무너져 내린 절벽이나 솟아오른 언덕 주위를 돌아다니며 땅 밖으로 삐져나온 화석들을 찾는다. 삐져나온 화석을 찾으면 그때부터 망치와 드릴, 삽과 곡괭이부터 치과 의사들이 사용하는 작은 이빨 긁개까지 다양한 도구들을 이용해 화석 주위의 돌들을 깨부순다.

땅 위로 삐져나온 뼈 화석. 익룡의 뼈 화석은 연약하기 때문에 붓과 치과용 도구들을 이용해 화석 주위를 조심스럽게 파야 한다.

익룡의 뼈는 아주 얇아서 자칫 잘못하면 산산조각이 날 수 있다. 그래서 익룡 뼈 화석을 발굴

할 때는 특히 신중하고 조심해야 한다.

뼈 화석을 땅속에서 꺼낸 뒤에는 정성스럽게 석고 붕대로 포장한다. 연구실로 옮기는 과정에서 화석을 보호하기 위해서다. 화석이 무사히 연구실에 도착하면 석고 붕대를 풀고, 소형 드릴을 이용해 뼈 화석에 붙은 돌들을 제거한다.

익룡 화석을 말끔하게 청소하고 나면 이때부터 연구를 할 수 있다. 우선 이 익룡이 지금까지 발견된 다른 익룡들과 얼마나 비슷한지, 또는 얼마나 다르게 생겼는지를 확인해야 한다. 이런 비교 연구를 하기 위해 과학자는 수십 또는 수백 편의 논문을 읽고 공부한다. 다른 익룡 화석들을 직접 관찰하기 위해 해외에 있는 박물관이나 연구소에 들르기도 한다. 기존의 익룡들과 모습이 다르다면 새로운 종류다. 화석을 연구한 과학자는 새로운 종류의 익룡에게 새로운 이름을 붙여 줄 수가 있다.

석고 붕대를 이용해 뼈 화석을 포장한 모습. 연약한 뼈를 보호하기 위해 주위의 돌들과 함께 포장한다.

새로운 종류의 익룡이 아니더라도 속상해할 필요는 없다. 2020년 2월에 글쓴이는 우리나라에서 처음으로 보레옵테루스과에 속하는 익룡의 화석을 보고했다. 발견된 화석이 겨우 날개뼈 일부분이어서 정확한 종류를 판별할 수는 없었다. 하지만 그동안 중국에서만 발견되던 보레옵테루스과 익룡이 우리나라에서도 살았음을 보여 주는 중요한 증거였다. 이처럼 새로운 종류의 익룡이 아니더라도 새로운 화석은 언제나 우리에게 새로운 사실들을 알려 줄 수 있다.

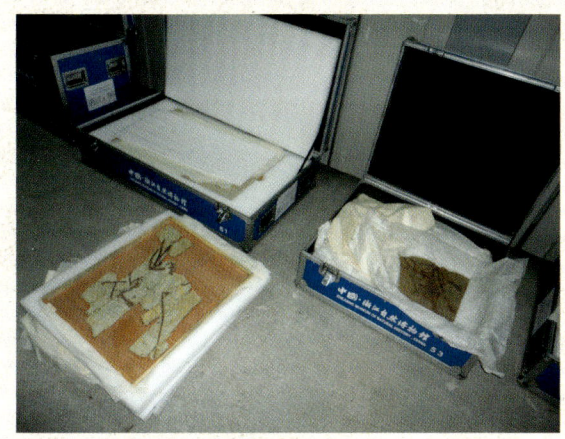

말끔하게 청소된 화석들은 정성스럽게 포장되어 박물관이나 연구소에서 보관한다.

243

익룡을 볼 수 있는 우리나라 박물관

1. 고성 공룡 박물관

바닷가에 있는 공룡 발자국 화석 산지 근처에 지어졌다. 공룡 박물관이지만 익룡 화석도 소장하고 있다. 박물관에 들어서면 안항구에라 모형이 관람객을 반겨 준다. 중앙 홀 천장에 드숭가립테루스와 프테라노돈 그리고 케찰코아틀루스의 뼈대가 전시되어 있다. 박물관 앞 공원에는 케찰코아틀루스 모형도 있다.

고성 공룡 박물관의 중앙 홀에 매달려 있는 케찰코아틀루스 뼈대 ⓒ 손민영

주소: 경상남도 고성군 하이면 자란만로 618 고성 공룡 박물관
전화번호: 055-670-4451
관람 시간: 9:00~18:00(11월~2월에는 1시간 일찍 닫음. 매주 월요일, 1월 1일, 설날, 추석 등 휴관)
관람료: 어른 3000원, 청소년·군인 2000원, 어린이 1500원
홈페이지: https://museum.goseong.go.kr

2. 국립 과천 과학관

2층에 있는 '자연사관'에 가면 익룡을 볼 수 있다. 천장에 안항구에라와 프테라노돈의 뼈대가 전시되어 있다. 이곳에 전시된 프테라노돈은 볏이 붓 모양인 종류다. 유리장 안에 놓여 있는 근사한 람포린쿠스의 뼈대도 볼 수 있다. 운이 좋으면 공룡 화석들 위로 움직이는 프테라노돈 모형도 구경할 수 있다.

국립 과천 과학관의 자연사관에 전시된 안항구에라 뼈대

주소: 경기도 과천시 상하벌로 110 국립 과천 과학관
전화번호: 02-3677-1500
관람 시간: 9:30~17:30(매주 월요일, 1월 1일, 설날, 추석 등 휴관)
관람료: 어른 4000원, 청소년·어린이 2000원(7세 미만은 무료)
홈페이지: https://www.sciencecenter.go.kr

3. 국립 중앙 과학관

익룡이 한 마리만 전시되어 있지만 특별하다. 1층에 있는 '자연사관'에 가면 트리케라톱스의 뼈대가 있는 맞은편 천장에 타페야라의 뼈대가 매달려 있다. 1983년에 브라질에서 발견된 진품 화석인데, 2006년에 우리나라에 들어오게 되었다. 아직 자세한 연구가 이루어지지 않은 화석이어서 어쩌면 타페야라에 대해 아직 알려지지 않은 새로운 사실을 간직하고 있을 수도 있다.

국립 중앙 과학관의 자연사관에 전시된 타페야라 뼈대

주소: 대전광역시 유성구 대덕대로 481 국립 중앙 과학관
전화번호: 042-601-7979
관람 시간: 9:30~17:50(매주 월요일, 1월 1일, 설날, 추석 등 휴관)
관람료: 무료(일부 전시관 제외)
홈페이지: http://www.science.go.kr

4. 목포 자연사 박물관

우리나라에서 가장 많은 프테라노돈이 전시된 곳이다. 중앙 홀 천장에 프테라노돈 4마리의 뼈대가 줄지어 매달려 있다. 앞에 있는 3마리는 뒤통수에 낮은 볏이 있는 암컷이고, 가장 뒤에 있는 1마리는 볏이 높은 수컷이다. 이곳에 전시된 수컷 프테라노돈의 볏은 길쭉한 모양이다. 프테라노돈 마니아라면 좋아할 만한 곳이다. 유리장 안에 전시된 투푹수아라의 뼈대도 구경할 수 있다.

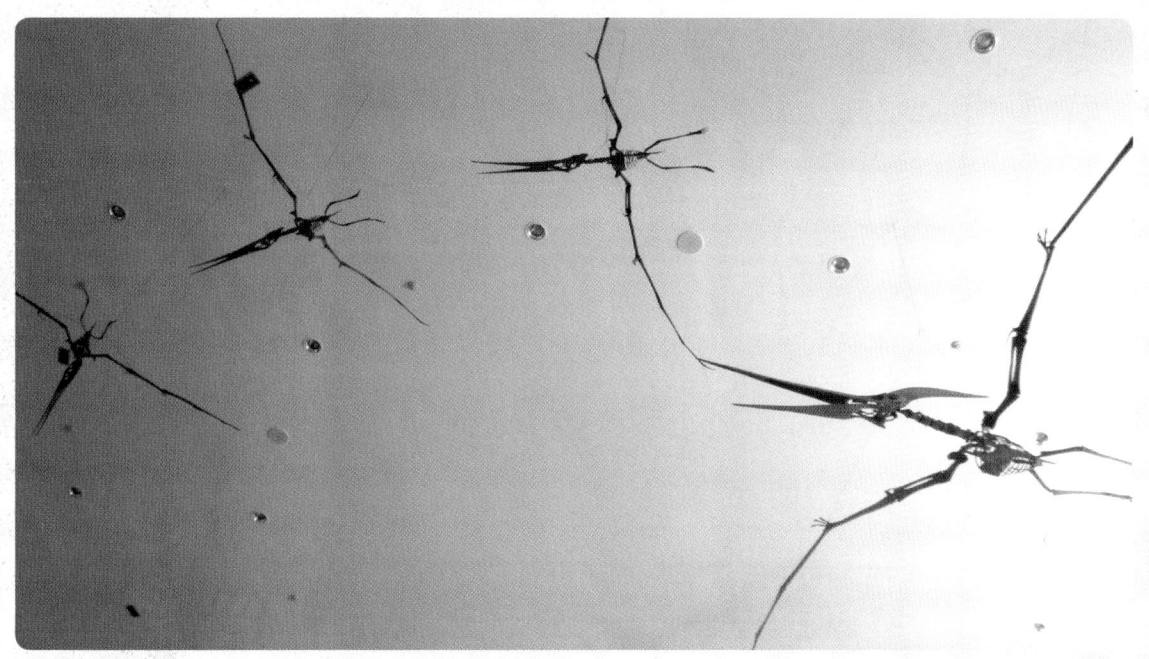

목포 자연사 박물관의 중앙 홀 천장에 매달려 있는 프테라노돈 뼈대

주소: 전라남도 목포시 남농로 135 목포 자연사 박물관

전화번호: 061-274-3655

관람 시간: 9:00~18:00(매주 월요일, 1월 1일 등 휴관)

관람료: 어른 3000원, 청소년·군인 2000원, 초등학생 1000원, 유치원생 500원

홈페이지: http://museum.mokpo.go.kr

5. 서대문 자연사 박물관

중앙 홀 천장에 투푹수아라와 프테라노돈의 뼈대가 전시되어 있다. 이곳의 프테라노돈은 국립 과천 과학관의 프테라노돈과 똑같은 붓 모양의 볏을 가지고 있다. 2층 '생명진화관'에는 유리장 안에 전시된 제르마노닥틸루스의 화석도 볼 수 있다. 오리 주둥이 공룡인 에드몬토사우루스가 전시된 곳 천장에 투푹수아라의 뼈대가 하나 더 숨어 있으니 꼭 확인하고 넘어가자.

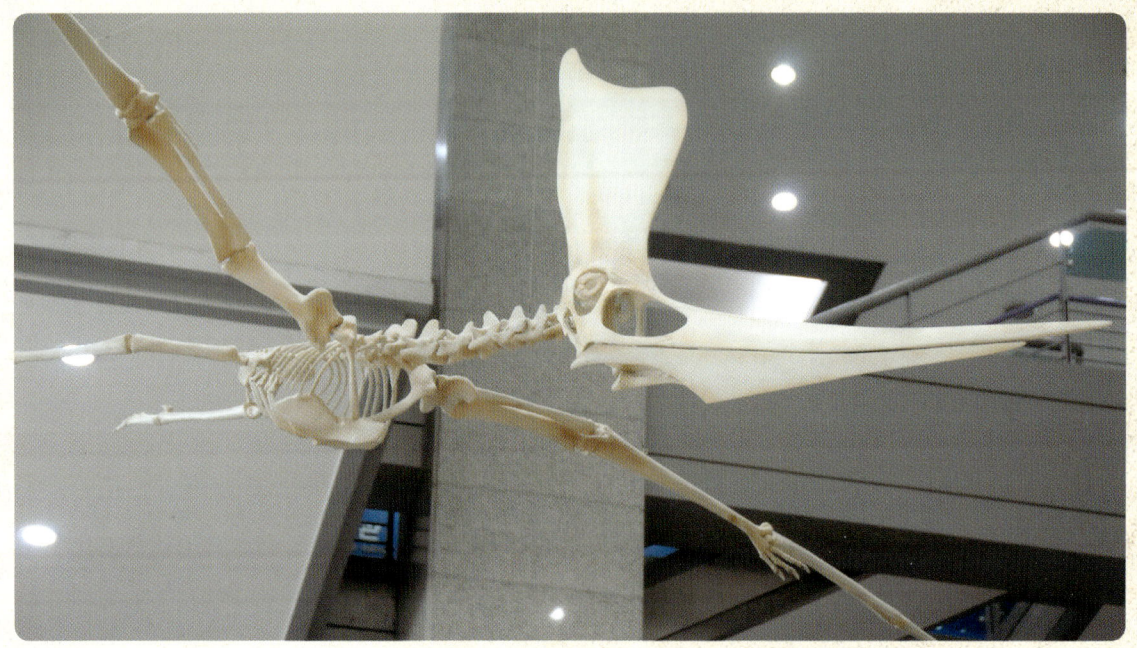

서대문 자연사 박물관의 중앙 홀 천장에 전시된 프테라노돈 뼈대

주소: 서울시 서대문구 연희로32길 51 서대문 자연사 박물관
전화번호: 02-330-8899
관람 시간: 평일 9:00~18:00, 주말·공휴일: 9:00~19:00
(11월부터 2월까지는 1시간씩 일찍 닫음. 매주 월요일, 1월 1일, 설날, 추석 등 휴관)
관람료: 어른 6000원, 청소년·군인 3000원, 어린이 2000원
홈페이지: https://namu.sdm.go.kr

6. 지질 박물관

중앙 홀 천장에 드숭가립테루스와 프테라노돈의 뼈대가 전시되어 있다. 이곳의 프테라노돈은 목포 자연사 박물관의 것과 똑같은 볏이 길쭉한 종류다. 천장에 매달린 익룡들을 자세히 관찰하고 싶으면 2층에 올라가서 보면 된다. 중앙 홀에는 경상남도 하동군 금성면 가덕리에서 발견된 작은 익룡 발자국 화석들이 전시되어 있다. 1층의 제1전시관에는 유리장 안에 전시된 람포린쿠스의 뼈대도 있다.

지질 박물관의 제1전시관에 전시된 람포린쿠스 뼈대

주소: 대전광역시 유성구 과학로 124 한국지질자원연구원 지질 박물관
전화번호: 042-868-3798
관람 시간: 10:00~17:00(매주 월요일, 1월 1일, 설 연휴, 추석 연휴 등 휴관)
관람료: 무료
홈페이지: http://museum.kigam.re.kr

7. 진주 익룡 발자국 전시관

우리나라에서 유일하게 익룡을 주제로 한 전시관 겸 박물관이다. 입구에 들어서면 드숭가립테루스 모형이 천장에 매달려 있다. '익룡 화석관'에는 진주시 호탄동 일대에서 발견된 수많은 익룡 발자국 화석들이 전시되어 있다. 전시된 발자국들을 자세히 살펴보면 선명하게 남아 있는 익룡의 발톱과 물갈퀴 자국을 볼 수 있다. 천장에는 안항구에라와 드숭가립테루스의 뼈대가 있다. 진주시 일대는 우리나라에서 익룡 발자국 화석이 가장 많이 발견된 곳인데, 지금까지 확인된 것만 해도 약 2500개나 된다.

진주 익룡 발자국 전시관의 천장에 매달려 있는 드숭가립테루스 모형 ⓒ 이성진

주소: 경상남도 진주시 영천강로68번길 22 진주 익룡 발자국 전시관
전화번호: 055-749-7401
관람 시간: 9:00~18:00
(11월부터 2월까지는 1시간씩 늦게 열고 일찍 닫음. 매주 월요일, 1월 1일, 설날, 추석 등 휴관)
관람료: 어른 2000원, 청소년 1000원, 어린이 500원
홈페이지: http://www.jinju.go.kr/ptero

8. 해남 공룡 박물관

고성 공룡 박물관과 마찬가지로 공룡을 주제로 한 곳이며, 바닷가에 있는 발자국 화석지 근처에 지어졌다. 1층 '우항리실'에는 거대한 케찰코아틀루스의 뼈대와 익룡 발자국 화석이 전시되어 있다. 지하 1층 '중생대재현실'의 천장에는 실물 크기의 프테라노돈과 케찰코아틀루스의 모형이 매달려 있다. 지하 1층 '익룡실'에서는 디모르포돈, 페테이노사우루스, 캄필로그나토이데스 등 10종류의 익룡 뼈 화석을 구경할 수 있다. 우리나라에서 가장 많은 익룡 뼈대가 전시된 곳이기도 하다.

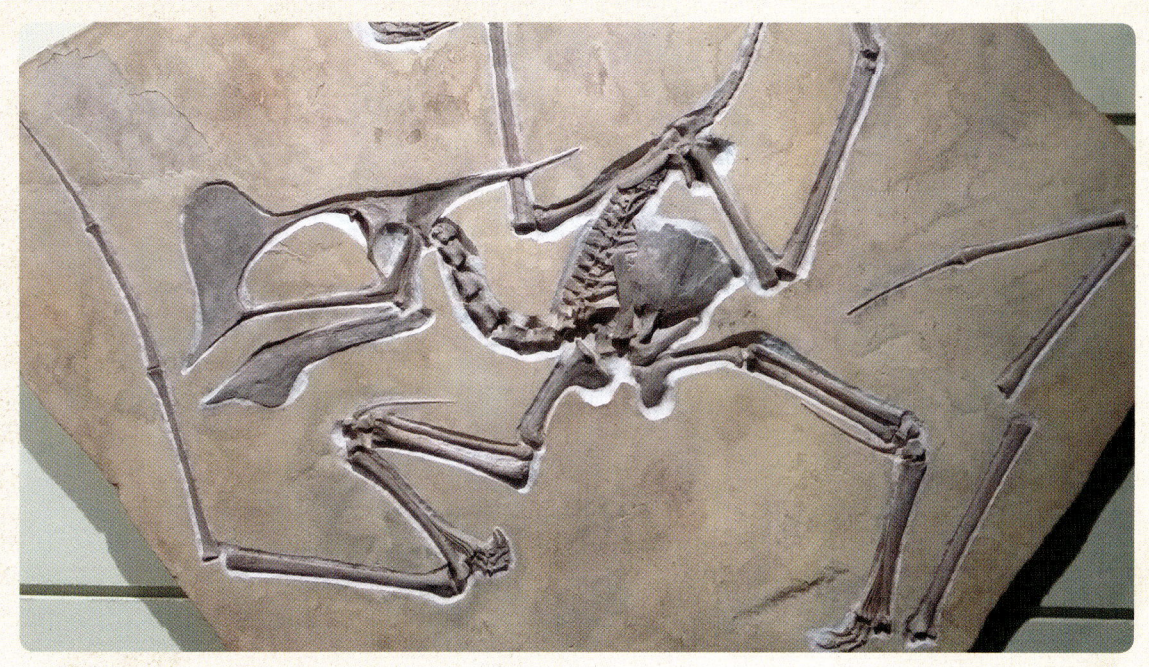

해남 공룡 박물관의 익룡실에 전시된 타페야라 뼈대

주소: 전라남도 해남군 황산면 공룡박물관길 234 해남 공룡 박물관
전화번호: 061-530-5949
관람 시간: 9:00~18:00(매주 월요일 휴관, 7·8월은 매일 개관)
관람료: 어른 5000원, 청소년 4000원, 어린이 3000원
홈페이지: http://uhangridinopia.haenam.go.kr

글쓴이의 말

2018년 나는 『신비한 익룡 사전』이란 책을 냈다. 100종류나 되는 공룡을 자세히 소개한 도감이다. 근데 책 속에 왜 프테라노돈이 없냐고 물어보는 독자들이 많았다. 프테라노돈은 공룡이 아닌데…….

프테라노돈은 익룡이다. 익룡과 공룡은 서로 다르다. 그러니까 좋아하는 공룡이 "프테라노돈"이라고 대답하는 것은 "좋아하는 강아지를 골라 보세요"라고 했는데, 고양이를 들어 올리는 거랑 같다. 『신비한 익룡 사전』은 티라노사우루스나 트리케라톱스보다 프테라노돈을 더 좋아하는 사람들을 위해 만든 책이다.

이 책에 소개된 익룡은 총 100종류다. 화석 상태가 불량해 잘 알려지지 않은 몇 가지를 제외하면, 지금까지 알려진 모든 익룡을 담았다. 『신비한 익룡 사전』은 우리나라에서 처음으로 나온 익룡 도감이기도 하다.

『신비한 공룡 사전』 때와 마찬가지로 이준성 작가가 아니었으면 이 책은 나오지 못했을 것이다. 그는 책 속의 익룡들에게 숨을 불어넣어 줬다. 그에게 매번 감사하고 또 감사한다. 또한 이번에도 저자를 믿고 기다려 준 출판사 관계자분들에게도 감사할 따름이다.

익룡에 대해 공부하다 보면 감탄이 절로 나온다. 이들도 공룡만큼이나 화려하고 멋진 생명체다. 지금까지 그저 포효하는 티라노사우루스 뒤로 날아가는 모습으로만 묘사한 게 미안하기만 하다. 많은 사람이 『신비한 익룡 사전』을 읽고, 익룡 또한 중생대의 당당한 주연 배우였음을 확실히 알아줬으면 좋겠다.

익룡 장난감들이 서 있는 작업실 책상에서

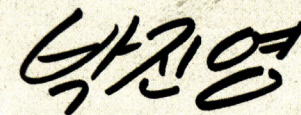